W0049491

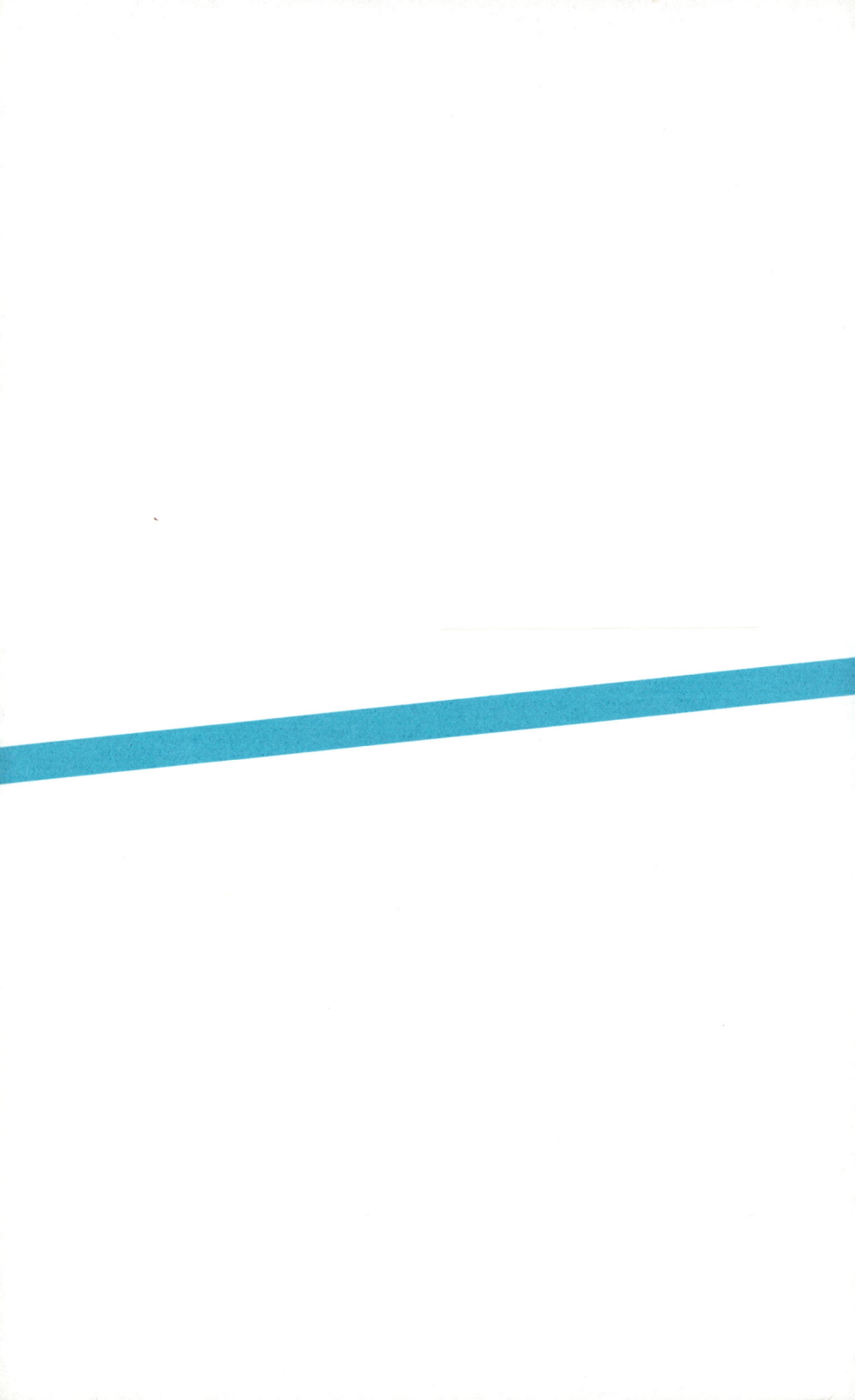

Thorsten Schmidt
Die Finanzen im Griff!
So behalten Sie den Überblick

Das Buch zur TV-Sendung »Raus aus den Schulden« (RTL)

 Eichborn

Die Namen und Wohnorte der in der Sendung »Raus aus den Schulden« vorkommenden Personen wurden geändert.

Der Verlag hat sich bemüht, alle Angaben in diesem Buch, insbesondere Adressen, Internetadressen und Telefonnummern, gemäß dem bei Erscheinen des Buches (April 2008) aktuellen Stand wiederzugeben. Die Angaben können sich daher zwischenzeitlich geändert haben oder veraltet sein. Deswegen erfolgen sie ohne Gewähr.

© RTL Television 2008, vermarktet durch RTL Enterprises GmbH

1 2 3 4   10 09 08

© Eichborn AG, Frankfurt am Main, März 2008
Umschlaggestaltung: Christiane Hahn unter Verwendung eines Fotos von © getty images
Redaktion: Druckreif!, Sabine Rock
Lektorat: Simone Kreuzberger
Layout und Satz: Oliver Schmitt
Druck und Bindung: Fuldaer Verlagsanstalt, Fulda
ISBN: 978-3-8218-7305-3

Eichborn Verlag, Kaiserstraße 66, D-60329 Frankfurt am Main
Mehr Informationen zu Büchern und Hörbüchern aus dem Eichborn Verlag finden Sie unter www.eichborn.de

Inhalt

Einleitung:
Wie Ihnen dieses Buch hilft

Wir merken es alle: Das Geld wird immer knapper. Die Reallöhne in Deutschland sind auf dem Stand von 1988 – aber die Ausgaben für Lebensmittel, Energie, Gesundheit, Altersversorgung, Miete etc. steigen unaufhörlich. Der Lebensstandard, den wir uns angewöhnt haben, ist von einem immer größeren Teil der Bevölkerung nicht mehr zu finanzieren.

Immer mehr Deutsche bekommen die Folgen dieser Veränderung nicht in den Griff: 7,4 Millionen Bundesbürger sind überschuldet, nehmen also regelmäßig weniger ein, als sie ausgeben. Das tägliche Jonglieren mit dem knappen Geld überfordert die Menschen zunehmend.

Die Konsequenzen daraus werden in der erfolgreichen RTL-Sendung »Raus aus den Schulden« gezeigt: Oft regiert in den Haushalten finanziell gesehen das blanke Chaos – weil die Menschen nicht gelernt haben, mit Geld umzugehen und sich einen Überblick zu verschaffen.

Eines ist klar: Den Umgang mit Geld muss – und kann – man lernen. Dieses Buch soll Ihnen ein Coaching für Ihre privaten Finanzen bieten – und Sie so davor bewahren, jemals in eine Situation zu kommen, in der Sie sagen müssen »Ich weiß nicht mehr weiter.«

Die wichtigste Maßnahme gegen das Abrutschen in die Überschuldung ist vorsorgliches Handeln. Wer über seine Geldangelegen-

Wer sich entschlossen hat, Ordnung in seine Geldangelegenheiten zu bringen und sich einen Überblick zu verschaffen, kann dafür unterschiedliche Motive haben:

▶ Das Geld reicht hinten und vorne nicht und Sie wollen wissen, woran das liegt und wo das Geld bleibt.
▶ Sie planen eine größere Anschaffung, zum Beispiel ein Auto, und Sie möchten herausfinden, ob der Familienetat die hohen Raten eigentlich verkraftet.
▶ Ihre Lebenssituation verändert sich grundlegend, beispielsweise durch die Geburt eines Babys oder durch den Bau oder Kauf eines Hauses – da müssen die Finanzen auf den Prüfstand.

heiten Bescheid weiß, wer die Finanzen im Griff hat, der ist schon recht gut geschützt vor der Schuldenfalle.

Es sind meistens unvorhergesehene Veränderungen, die den Weg in die Schuldenfalle einleiten. Denken Sie nur an Schicksalsschläge wie

▶ Arbeitslosigkeit
▶ Trennung
▶ Scheidung
▶ Tod des Partners
▶ geschäftlichen Bankrott
▶ Krankheit oder
▶ Unfall.

Diese Ursachen sind Schätzungen zufolge zusammengenommen für mehr als die Hälfte der Verschuldungsfälle in Deutschland verantwortlich.

Wer einen solchen Schicksalsschlag erleidet, verfällt meist in eine Mischung aus Panik, Lähmung und Depression. Wer dann nicht weiß, wie er finanziell dasteht und was umgehend zu tun ist, schafft es unter diesen Umständen oft auch nicht, sich einen Überblick zu verschaffen. Ein Abrutschen in die Schuldenfalle kann die Folge sein, bevor man sich überhaupt von seinem seelischen Schock erholt hat.

Dieses Buch liefert Ihnen das Handwerkszeug, das Sie brauchen, um Ihre Finanzen mit einfachen Mitteln in den Griff zu bekommen. Damit es für Sie niemals heißen muss »Raus aus den Schulden!« – sondern vielmehr »Gar nicht erst rein in die Schulden!«

Thorsten Schmidt, im November 2007

Die 7 Tugenden vom besseren Umgang mit Geld

Wer die Sendung »Raus aus den Schulden« verfolgt, bemerkt, dass bestimmte Fehler immer wieder darin vorkommen:

- fehlende Systematik
- zu wenig Disziplin beim Geldausgeben
- Blauäugigkeit
- Selbstüberschätzung
- Ausblenden von Risiken
- den Kopf in den Sand stecken, wenn's eng wird

Die Sendung vermittelt die Tugenden einer vorsichtigen und vorausschauenden Haushaltsplanung – das ist der Beitrag, den die Schuldner leisten müssen, um dauerhaft aus der Misere herauszukommen.

Wer sich diese 7 Tugenden rechtzeitig aneignet, kommt höchstwahrscheinlich gar nicht erst in die prekäre Situation, in der man einen Schuldnerberater braucht.

1. Tugend: Behalten Sie den Überblick

Dieses Buch soll Sie in Finanzdingen fit machen. Sie sollen den notwendigen Überblick bekommen und behalten – zum Beispiel durch ein Haushaltsbuch und eine Liquiditätsrechnung (siehe Seite 23 und 50) und durch das saubere Abheften der verschiedenen Unterlagen in sinnvoll beschrifteten Ordnern. Systematik und Ordnung sind Tugenden, die man als »Finanzminister der Familie« dringend braucht. Sorgen Sie stets dafür, dass alle Unterlagen über Ihre Finanzen sorgfältig geordnet sind, damit Sie sich jederzeit ein Bild über die aktuelle Lage machen können. Legen Sie eigene Ordner an für:

- Versicherungen
- Darlehen
- Geldanlagen
- Verträge (z. B. Arbeit, Mitgliedschaften)
- Rechnungen und Mahnschreiben
- Kontoauszüge
- Steuerunterlagen
  etc.

Tipp Stets den Überblick zu haben ist auch deshalb so wichtig, weil eine plötzlich eintretende Krise – wie ein schwerer Schicksalsschlag – den Betroffenen oft viel Kraft raubt und sie unfähig macht, überlegt zu handeln. Nehmen Sie sich deshalb vor, mindestens einmal im Monat alle Unterlagen zu sichten, zu sortieren und abzuheften.

2. Tugend: Üben Sie Disziplin beim Geldausgeben

Hand aufs Herz: Sind Sie diszipliniert im Umgang mit Geld oder eher locker?

Hier kommen **10 Testfragen**, die Sie ehrlich beantworten sollten. Kreuzen Sie das für Sie Zutreffende an:

1) Schreiben Sie sich vor dem Einkaufen einen Einkaufszettel (a) oder lassen Sie sich lieber im Supermarkt inspirieren (b)?

☒ a ☐ b

2) Planen Sie größere Ausgaben gründlich vor (a) oder setzen Sie eher spontan die Kreditkarte ein (b)?

☒ a ☐ b

3) Kaufen Sie manchmal etwas, weil es Ihnen peinlich wäre, das Geschäft nach der gründlichen Beratung wieder zu verlassen, ohne eingekauft zu haben?

☐ ja ☒ nein

4) Bevorzugen Sie Markenware und haben Sie das Gefühl, Ihre Mitmenschen würden Sie kritischer betrachten, wenn Sie Dinge tragen oder benutzen, die nicht mehr »in« sind?

☐ ja ☒ nein

5) Bewahren Sie Kassenzettel und Kartenbelege grundsätzlich auf (a) oder schmeißen Sie sie oft weg nach dem Motto »Aus den Augen, aus dem Sinn« – und staunen dann Bauklötze beim Studium der Kontoauszüge (b)?

☒ a ☐ b

6) Überprüfen Sie Restaurantrechnungen, Kontoauszüge und andere Rechnungen und reklamieren Sie auch kleinere Fehler oder Unklarheiten (a) – oder finden Sie es eher spießig, sich wegen 10 oder 20 Euro zu beschweren (b)?

☐ a ☒ b

7) Halten Sie Kreditkarte und Versandhaus-
bestellung für angenehme Erfindungen,
weil das Geld nicht gleich weg ist?

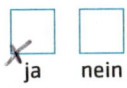
ja nein

8) Beunruhigt es Sie, wenn Sie eine Ausgabe
tätigen und noch nicht genau wissen,
an welcher Stelle das Geld wieder rein-
kommen wird (a) – oder denken Sie sich
»Wird schon irgendwie gut gehen« (b)?

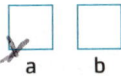
a b

9) Sind Sie eher der »Man muss immer
auch an morgen denken«-Typ (a)?
Oder heißt Ihr Motto »Man lebt nur
einmal« (b)?

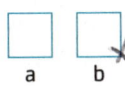
a b

10) Halten Sie eisern an Ihren Sparsamkeits-
vorsätzen fest (a) oder lassen Sie sich
– durch Freunde, durch eine Schaufenster-
dekoration, durch einen Werbespot – leicht
zu einer Ausgabe verführen, die eigentlich
nicht geplant war (b)?

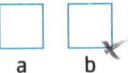
a b

Je häufiger Sie bei diesem kleinen Test »b« oder »ja« angekreuzt
haben, desto eher zählen Sie zur Fraktion, die finanzielle Dinge recht
locker angeht. Ihnen ist zu wünschen, dass Sie stets genug Geld
verdienen, um sich diese Haltung auch leisten zu können. Sollten
Sie aber im Gegenteil chronisch knapp bei Kasse sein und nicht genau wissen, wie es eigentlich dazu kommt, dann sollten Sie sich in
puncto Disziplin drei elementare Erkenntnisse zu Herzen nehmen:

▶ Wenn man etwas kaufen will, muss das Geld dafür vorhanden
sein.
▶ Jeder Euro kann nur einmal ausgegeben werden.
▶ Ein Leben, in dem *jeder* materielle Wunsch sofort erfüllt wird,
ist auf Dauer trostlos.

Die Falle der großen Zahlen

Eine besondere Versuchung, die Haushaltsdisziplin zu vernachlässigen, lauert immer dann, wenn sich große Beträge auf dem Konto befinden, wie beispielsweise vor einem Auto- oder Hauskauf, bei einer Prämienausschüttung, einer Kautionserstattung oder einer Versicherungszahlung, oder wenn man ein Darlehen aufnimmt und überwiesen bekommt. Wenn der Kontoauszug plötzlich ein Guthaben von 27.654,22 Euro ausweist, ist die Neigung, es beim Einkaufen oder bei der Freizeitgestaltung auf 100 Euro mehr oder weniger nicht ankommen zu lassen, recht groß. Machen Sie sich klar, wie mühsam Sie diese großen Beträge angespart haben oder wie lange die Abzahlung dauern wird. Nach einer größeren Anschaffung muss man meist noch knapper wirtschaften als sonst – da ist es doppelt ärgerlich, gleich zu Beginn ein Loch von mehreren Hundert Euro in die Kasse zu reißen, weil man sich zwei oder drei Tage lang an den großen Zahlen berauscht hat.

Wenn Sie merken, dass Sie Ihr Ausgabenverhalten nicht im Griff haben, sollten Sie sich zur Selbstdisziplinierung ruhig einmal in die Kindheit zurückversetzen: Wenn das Sparschwein leer war, konnte man sich eben bis zum nächsten Taschengeld keine Süßigkeiten mehr kaufen. Basta.

Tipp Übertragen auf die Erwachsenenwelt heißt das: Der Dispokredit des Girokontos sollte tabu sein. Wenn Sie sich eingestehen müssen, dass Sie oft Geld ausgeben, das eigentlich nicht mehr oder noch nicht auf dem Konto ist, dann sollten Sie Ihr Konto sicherheitshalber auf Guthabenbasis führen: Was abgeht, muss vorher drauf sein.

Die 7 Tugenden vom besseren Umgang mit Geld

3. Tugend: Bezahlen Sie Rechnungen und Raten immer pünktlich

Die ersten Schritte auf dem Weg in die Schuldenfalle bestehen fast immer aus Rechnungen, die man »erst mal« liegen lässt, aus Raten, die man »erst mal« zurückstellt – bis wieder ein Plus auf dem Girokonto ist, oder bis die erste (oder zweite, oder dritte …) Mahnung kommt. Wer damit anfängt, wird die Rechnungen und Mahnungen bald unbezahlt in eine Schublade werfen – und sie irgendwann nicht mal mehr öffnen. Spätestens dann wird klar: Eine Rechnung bezahlen zu müssen, ist unangenehm – aber eine unbezahlte Rechnung beschert einem mindestens doppelt so viele Probleme. Garantiert.

Im Umgang mit Rechnungen und Raten sollte deshalb immer gelten: Sie haben Vorrang vor Konsumausgaben. (Natürlich gehen dabei existenzielle Bedürfnisse wie Nahrung und Heizung vor, aber wenn Sie schon so weit sind, dass Sie das abwägen müssen, sollten Sie sich umgehend um professionelle Hilfe bemühen.)

Wie gehen Sie in dieser heiklen Frage Schritt für Schritt vor? Beherzigen Sie folgende Tipps:

Tipp

1) Wenn Sie eine Rechnung einmal nicht sofort bezahlen wollen oder können (etwa, um den Dispo zu schonen, oder weil das Weihnachtsgeld bald ansteht), sollten Sie einen klaren Plan haben, wann die Zahlung erfolgen wird.

2) Sollte das nicht innerhalb der nächsten 4 Wochen möglich sein, sollten Sie umgehend den Gläubiger informieren, der auf die Zahlung wartet.

3) Nennen Sie ihm möglichst verbindlich den geplanten Zahlungstermin – das setzt Sie selbst unter moralischen und tatsächlichen Druck. Gleichzeitig vermeiden Sie so unangenehme Mahnungen (inkl. Gebühren, Verzugszinsen etc.) und Schlimmeres.

4) Versetzen Sie sich gedanklich immer in die Lage des Gläubigers. Gerade kleine Handwerksbetriebe geraten wegen der miserablen Zahlungsmoral ihrer Kunden immer wieder in massive Schwierigkeiten. Stellen Sie sich vor, Sie müssten jeden Monat zittern, ob Ihr Gehalt pünktlich eingeht und Sie Ihre Miete bezahlen können. Das hilft gegen Leichtsinn und Rücksichtslosigkeit im Umgang mit Rechnungen.

4. Tugend: Rechnen Sie nur mit Geld, das auch sicher kommen wird

Manche Menschen sind Weltmeister im Luftbuchen: Da wird munter und ohne ausreichende Sachkenntnis auf hohe Erstattungen des Finanzamts spekuliert; da wird eine Prämie der Firma erwartet, obwohl die Geschäfte schlechter laufen als in den Jahren zuvor; da wird ein Kursgewinn an der Börse verplant, aber nicht realisiert ... Es gibt viele Beispiele für einen blauäugigen Umgang mit Geld, das es eigentlich gar nicht gibt – eine Herangehensweise, die schon viele Menschen in die Schuldenfalle getrieben hat.

Tipp Machen Sie es besser! Rechnen Sie stets nur mit Geld, von dem Sie ganz sicher sind, dass es in der geplanten Höhe und zum geplanten Zeitpunkt kommen wird. Alles andere ist ein erfreuliches Zubrot und kann dann für einen zusätzlichen Urlaub ausgegeben oder angelegt werden – aber es sollte nicht in die normale Haushaltsplanung einfließen.

5. Tugend: Lügen Sie sich nicht in die Tasche

Einer der spannendsten, in jeder Sendung wiederkehrenden Momente bei »Raus aus den Schulden« ist stets gekommen, wenn das Flipchart aufgestellt wird: Kassensturz!

Wenn der tatsächlich aktuelle Schuldenstand sowie die Einnahmen und die Ausgaben notiert werden, ist das sehr oft eine bittere Stunde der Wahrheit. Es ist absolut notwendig, sich selbst ehrlich zu fragen, wo das Geld aus den Krediten geblieben ist und wo das Einkommen jeden Monat hinfließt. Oft stellt sich dann heraus, dass man systematisch mehr ausgibt, als man hat – ohne sich dessen so richtig bewusst zu sein. Weil man eben die Zigaretten, die Strafzettel, das Zweithandy, das Zeitschriftenabo oder das Katzenfutter gerne vergisst. (Auf Seite 44 finden Sie eine umfassende Liste möglicher Ausgaben.)

Die 7 Tugenden vom besseren Umgang mit Geld

Um das zu vermeiden, sollten Sie folgende Tipps beherzigen:

▶ Seien Sie ehrlich zu sich selbst! Gestehen Sie sich ein, wenn Ihr Konto jeden Monat ab dem 20. im Minus ist.

▶ Schreiben Sie beim Führen des Haushaltsbuchs wirklich alles auf, auch wenn Sie sich selbst über die Ausgaben ärgern, die Sie da wieder getätigt haben. Denken Sie auch an die unregelmäßigen, aber zwangsläufig eintretenden Ausgaben wie zum Beispiel den TÜV, die Geburtstags- und Weihnachtsgeschenke oder die erhöhten Lebenshaltungskosten im Urlaub.

▶ Besonders wichtig ist die Ehrlichkeit vor sich selbst, wenn man im Begriff ist, einen Ratenvertrag abzuschließen. Es muss gesichert sein, dass der Haushalt die zusätzliche Ausgabe problemlos verträgt. Wenn es schon in normalen Zeiten jeden Monat eng ist, dann bricht das Finanzgebäude beim ersten unvorhergesehenen Ereignis unweigerlich zusammen. Da genügt schon eine kaputte Waschmaschine oder eine hohe Heizkostennachzahlung – ganz zu schweigen von persönlich schwerwiegenden Ereignissen.

6. Tugend: Versuchen Sie alles zu verstehen – fragen Sie nach, bis es qualmt

Finanzangelegenheiten sind oft kompliziert und schwer zu durchschauen. Da winken viele gerne ab und sagen sich »Wird schon stimmen.« Aber auch wenn es für Sie und andere unbequem ist: Fragen Sie beharrlich und notfalls immer wieder nach, bis Sie alles verstanden haben – bei Banken und anderen Gläubigern oder Firmen, und auch im privaten Bereich.

Verlassen Sie sich dabei auch auf Ihr Gefühl. Wer Ihr Geld haben will, aber ungeduldig wird, wenn Sie alles genau verstehen wollen, der hat meist etwas zu verbergen und nutzt Ihre Unwissenheit vielleicht aus. Seien Sie also stets wachsam!

In vier Finanzbereichen ist diese Hartnäckigkeit und Wachsamkeit gefragt:

1) **Versicherungsvertretern** ist durchaus bewusst, dass ihre Kunden oft keine Ahnung haben, wie viel und wie lange sie in einen Vertrag einzahlen, bis die Provision des Vertreters bezahlt ist. Also: Fragen Sie, bis Sie alles verstanden haben.

2) Auch **Banken** befleißigen sich oft eines unverständlichen Kauderwelschs und stehen anscheinend auf dem Standpunkt, man solle doch Finanzwirtschaft studieren, dann werde man die 24-seitige, eng gedruckte »Dritte Änderung der allgemeinen Geschäftsbedingungen« schon innerhalb der zweiwöchigen Widerspruchsfrist verstehen. Lassen Sie sich davon nicht einschüchtern. Sie sind der Kunde.

3) Auch **Versandfirmen, Autohäuser und andere Firmen**, die sich ihre Güter durch Ratenverträge bezahlen lassen, sollte man so lange mit Fragen zu unklaren Klauseln löchern, bis man wirklich alles verstanden hat.

4) Nicht zuletzt sollte man sich auch gründlich überlegen, unter welchen Umständen man **Freunden sowie Partnern und Verwandten** Geld leihen oder schenken kann. Beim Geld hört die Freundschaft bekanntlich oft auf – vor allem, wenn man zu naiv war und nicht genau schriftlich geregelt hat, ob es sich um eine Schenkung oder ein Darlehen handelt, welcher Zinssatz, welche Tilgung vereinbart sind und so weiter.

> **Tipp** Die wichtigste Regel bei allen Geldgeschäften lautet: **Nie unter Zeitdruck unterschreiben!** Wer es eilig hat, an Ihre Unterschrift zu kommen, der will nicht, dass Sie gründlich nachdenken. Bedenken Sie stets: Es geht um Ihr Geld! Und die anderen wollen es haben. Da werden die einen Deal sicherlich nicht platzen lassen, nur weil Sie sich noch zwei Wochen Bedenkzeit erbitten.

7. Tugend: Stecken Sie den Kopf nicht in den Sand – und rufen Sie rechtzeitig um Hilfe

Sie wissen es bereits: Eine Kiste voller unbezahlter Rechnungen und Mahnungen, ungeöffneter Briefe und ignorierter Kontoauszüge ist nicht die geeignete Ablage für Ihre Finanzunterlagen – und gleichzeitig ein deutlicher Hinweis darauf, wie tief Sie schon in der Schuldenkrise stecken. Lassen Sie es am besten gar nicht so weit kommen. Dafür gibt es einige gute Tipps, die Sie beherzigen sollten:

1) Öffnen Sie **jeden Brief** sofort und kümmern Sie sich umgehend darum.

2) Wenn Sie irgendwo Geldschulden haben und diese nicht rechtzeitig begleichen können, überwinden Sie Ihre (verständliche) Scham und Angst und **melden Sie sich gleich**. Meistens wird man es honorieren, dass Sie nicht den Kopf in den Sand gesteckt haben. Sie vermeiden auf diese Weise nicht nur Mahngebühren und Pfändungen, sondern auch die Verärgerung Ihres Gläubigers, auf dessen Wohlwollen Sie angewiesen sind.

3) Schreiben Sie beispielsweise einen **freundlichen Brief**, in dem Sie anbieten, die teure Zahnarztrechnung jetzt zur Hälfte zu bezahlen und den Rest zu begleichen, sobald das Weihnachtsgeld auf Ihrem Konto ist.

4) Ist die Situation ernster, klären Sie in einem **persönlichen Gespräch**, ob zum Beispiel eine Stundung des Betrags oder eine Zahlung in Raten möglich wäre. Auch dafür brauchen Sie einen guten Überblick über Ihre Finanzen. Sie wollen ja zuverlässige Aussagen treffen.

5) Wenn Sie im direkten Gespräch mit den Gläubigern nicht weiterkommen oder wenn es ein richtig gravierendes Geldproblem gibt – etwa weil durch Arbeitslosigkeit ein Einkommen wegfällt: Springen Sie schnell über Ihren Schatten und suchen Sie sich

professionelle und seriöse Hilfe, etwa bei einer staatlichen Schuldnerberatung (Adressen finden Sie im Anhang auf Seite 134). Tun Sie das lieber jetzt, da Sie noch handlungsfähig sind, als später, wenn sie nur noch panisch oder apathisch auf den nächsten Genickschlag warten.

6) Wichtig: Fallen Sie nicht auf windige Kreditvermittler herein. Jeder weitere Kredit ist Gift für Ihre angeschlagenen Finanzen, weil so nur noch mehr Schulden und Kosten entstehen. Planen Sie eine Umschuldung, dann prüfen Sie genau, ob Sie damit z. B. Ihren Dispokredit in ein günstigeres Darlehen verwandeln. (Ausnahme: Umwandlung des teuren Dispokredits in ein günstigeres Darlehen.)

Das Wichtigste in Kürze

- Ordnung halten. Alle Unterlagen regelmäßig sortieren und abheften.
- Kein Geld ausgeben, das man nicht hat. Widerstehen Sie zum Beispiel verlockenden Sonderangeboten, Raten- oder Dispokrediten.
- Rechnungen und Raten immer pünktlich bezahlen. Jede Rechnung, die man nicht bezahlt, macht das Leben im folgenden Monat doppelt so schwer.
- Informieren Sie den Gläubiger, falls Sie verspätet oder gar nicht zahlen können.
- Verplanen Sie keine Einnahmen, die noch unsicher sind.
- Seien Sie ehrlich vor sich selbst: Führen Sie ein Haushaltsbuch und stellen Sie fest, wie viel Sie tatsächlich monatlich einnehmen und ausgeben.
- Fragen und forschen Sie nach, bis Sie alles verstanden haben. Keine unklaren Verträge und Verpflichtungen unterschreiben.
- Stecken Sie nicht den Kopf in den Sand und kümmern Sie sich rechtzeitig um Hilfe, wenn Sie alleine nicht mehr klarkommen. Je früher Sie handeln, desto besser.

Die Ausgaben:
Wo ist das Geld geblieben und wo wird es hingehen?
So behalten Sie den Überblick!

Wer manchmal wandern geht, kennt das gute Gefühl, wenn man auf der Strecke einen Hügel erklommen hat: Man überblickt sowohl die bisher zurückgelegte Wegstrecke als auch das, was noch vor einem liegt. Allerdings hat man nur selten beides gleichzeitig im Blick.

Ähnlich ist es mit den Finanzen – um zu erkennen, wo das Geld in der Vergangenheit geblieben ist, muss man in eine andere Richtung schauen als für die Frage, was die finanzielle Zukunft bringen wird und wie man planen muss.

Der Blick zurück

Um das Vergangene zu sichten, ist das Haushaltsbuch die ideale Hilfe. Wer alle Ausgaben notiert, kann genau nachvollziehen, wofür er sein Geld ausgegeben hat. Wenn Sie das einige Monate lang konsequent tun, haben Sie anschließend einen sehr guten Überblick über Ihre Ausgabenstruktur und wissen, wo die Kostentreiber des Haushalts sitzen. Wenn Sie wissen, wie viel Sie monatlich – nach Abzug aller festen Kosten – für die Lebenshaltung zur Verfügung haben und wofür Sie es ausgeben, sind Sie schon besser informiert als die meisten deutschen Haushalte. In der Sendung »Raus aus den

Schulden« zeigt sich immer wieder, dass dieses elementare Wissen – wie viel kann ich monatlich ausgeben? – vielen Menschen fehlt, weshalb sie immer weiter ins Minus rutschen, ohne richtig zu verstehen, warum.

Der Blick nach vorn

Um die Zukunft zu planen, bringt das Haushaltsbuch jedoch nicht viel, und auch für größere Ausgaben, die seltener als einmal im Monat anfallen, ist es ungeeignet. Hierfür braucht man vielmehr eine Liquiditätsrechnung: Wann wird welcher Betrag vom Konto abgehen, welche Einnahmen sind zu erwarten, was muss ich vorausschauend bedenken? Diese Rechnung führen Sie permanent, und sie verändert sich auch laufend. Deshalb ist dafür eine Datei im Computer die geeignetste Form.

Die beiden genannten Instrumente einer gut strukturierten Haushaltsführung werden in diesem Kapitel ausführlich erläutert. Wer diese beiden Methoden nutzt, dürfte vor bösen Überraschungen wegen des fehlenden Überblicks sicher sein.

Das Wichtigste in Kürze

▶ Das **Haushaltsbuch** dient dem Blick zurück: Wo ist das Geld geblieben?
▶ Die **Liquiditätsrechnung** dient dem Blick nach vorn: Welche Einnahmen und Ausgaben kommen auf mich zu?
▶ Beides zusammen sichert den **optimalen Überblick**.

Das Haushaltsbuch

Auf den folgenden Seiten finden Sie Blankovordrucke für ein Haushaltsbuch. Sie können sie kopieren und unverändert nutzen – Sie können sie aber auch als Anregung nehmen und sich entsprechend Ihrer individuellen Bedürfnisse und Prioritäten Ihre eigene Kopiervorlage und so Ihr eigenes Haushaltsbuch erstellen.

Tipp Wenn Sie es bequem haben wollen: Im Handel gibt es sowohl gedruckte als auch elektronische Haushaltsbücher zu kaufen.

Für das Führen eines Haushaltsbuchs brauchen Sie vor allem eines: Disziplin. Das kann nerven, aber es ist unerlässlich, damit es etwas bringt. Zur Disziplin gehört auch Ehrlichkeit vor sich selbst. Wenn Sie zum Beispiel an der Tankstelle noch zwei Päckchen Zigaretten, eine Cola und zwei Schokoriegel mitgenommen haben, wäre es gemogelt, den gesamten Betrag des Tankstellenbons unter »Benzin« ins Haushaltsbuch einzutragen und damit auch Ihre kleinen Laster unter den unvermeidlichen Kosten fürs Pendeln zum Arbeitsplatz verschwinden zu lassen.

Die vier W-Fragen, die man sich stellen muss, wenn man ein Haushaltsbuch zu führen beginnt, lauten:

▸ Wann?
▸ Wo?
▸ Was?
▸ Wie?

Wann?

Das regelmäßige Eintragen aller Ausgaben ins Haushaltsbuch sollte so in Fleisch und Blut übergehen wie andere Gewohnheiten. Deshalb sollte man es nicht zu selten machen, aber auch nicht zu häufig. Es ist nicht nötig, sich nach jedem Einkauf und jedem Gang zum Kiosk mit dem Haushaltsbuch hinzusetzen. Wer das in der ersten Euphorie tut, wird das Haushaltsbuch bald als nervigen Zeiträuber wahrnehmen und die Eintragungen vernachlässigen. Es gibt zwei Möglichkeiten:

1) Am besten ist es, sich das Haushaltsbuch einmal täglich vorzunehmen. Der Abend eignet sich für diese Tätigkeit, dann hat man noch frisch im Kopf, was man den Tag über alles an Ausgaben hatte.

2) Eine andere Möglichkeit ist es, nur einmal wöchentlich zum Buchhalter zu werden, am besten am Wochenende nach dem Großeinkauf.

Seltener sollte man es nicht tun, sonst spielt einem das Gedächtnis zu viele Streiche.

Wo?

Wichtig ist auch die Frage, wo man das Haushaltsbuch hinlegt, damit es nicht in Vergessenheit gerät (falls man es nicht im PC führt). Am besten platzieren Sie das Buch dort, wo Sie regelmäßig »darüber stolpern«. Überlegen Sie, welche Plätze es in Ihrer Wohnung gibt. Zwei Möglichkeiten sind besonders beliebt:

1) Viele haben es in der Küche liegen, wo man die Einkäufe auspackt und es sicher nicht aus den Augen verliert. Man muss es vermutlich dauernd wegschieben und wird es nach und nach mit Fettflecken verzieren.

2) Eine andere Möglichkeit: Legen Sie es dorthin, wo Sie Ihre Kontoauszüge aufbewahren und Ihre Liquiditätsrechnung machen – also meist am Schreibtisch mit dem Computer.

Was?

Welche Ausgaben gehören ins Haushaltsbuch? Die Antwort hängt davon ab, was Sie mit dem Haushaltsbuch bezwecken. Welche Aussage trifft auf Sie zu?

▸ **Mein Ziel:** Ich möchte nur kontrollieren, wofür ich das zur Verfügung stehende Haushaltsgeld nun eigentlich ausgebe.

▸ **Das müssen Sie tun:** Es genügt, die veränderlichen Ausgaben (siehe unten) zu notieren.

oder

▸ **Mein Ziel:** Ich möchte mit dem Haushaltsbuch den Überblick über meine gesamten Finanzen erstellen.

▸ **Das müssen Sie tun:** In das Haushaltsbuch gehört *alles* hinein, was Sie von Ihrem Geld bezahlen. Immer, wenn etwas aus Ihrem Portemonnaie oder von Ihrem Konto verschwindet, muss es notiert werden. Sonst stimmt die Rechnung nicht und Sie haben ein Minus auf dem Konto, mit dem Sie nicht gerechnet haben und das Sie sich nicht erklären können. Die Ehrlichkeit, die dafür vonnöten ist, schmerzt natürlich oft – Sie lassen vor sich und vor den Familienmitgliedern »die Hosen herunter«, was Ihr Ausgabenverhalten angeht. Und das gilt nicht erst, wenn Posten wie »Alkohol« oder »Glücksspiel« aufgenommen werden müssten. Auch den eigenen Süßigkeiten- oder Kosmetikverbrauch so schwarz auf weiß zu sehen, kann richtig unangenehm sein.

Natürlich ist es nicht nötig, Ausgaben, die jeden Monat in gleicher Höhe anfallen (z. B. Miete, Mitgliedsbeiträge, Bausparrate), jedes Mal neu zu notieren. Auf Seite 32/33 finden Sie eine Tabelle für die monatlich wiederkehrenden, **unveränderlichen Ausgaben und Einnahmen** – aus der Differenz ergibt sich dann der Betrag, der jeden Monat für die **veränderlichen Ausgaben** zur Verfügung steht, die dann jeden Monat neu in einer eigenen Liste notiert werden. Außerdem finden Sie Listen, in denen sehr viele denkbare Posten aufgeführt sind. Ergänzen oder streichen Sie zusammen und verfeinern Sie diese Listen nach Ihren eigenen Bedürfnissen und Ideen.

Tipp Damit jedes Familienmitglied auch finanziell seinen Freiraum hat, ist es – wenn der Etat es hergibt – sicher klug, auch den Erwachsenen ein »Taschengeld« zuzugestehen, über dessen Verwendung im Haushaltsbuch keine detaillierte Rechenschaft abgelegt werden muss.

Wie vermeidet man, etwas zu vergessen? Halten Sie sich an einige wenige Regeln:

▸ Eine entscheidende Voraussetzung für das Führen eines Haushaltsbuchs ist natürlich, dass man alle Kassenzettel, Quittungen und sonstigen Zahlungsbelege aufbewahrt – und sich auch Ausgaben merkt, für die man keinen Bon bekommt, wie etwa am Kiosk oder am Zigarettenautomaten.

▸ Wenn Sie merken, dass das Haushaltsbuch nie mit dem Kontoauszug übereinstimmt, weil Sie beim Aufschreiben dauernd etwas vergessen, müssen Sie in der ersten Zeit mehr Aufwand betreiben. Gewöhnen Sie es sich an, morgens und abends einen »Portemonnaie-Kassensturz« zu machen. Notieren Sie sich also – auf 10 Cent genau – den Betrag, der in der Geldbörse ist.

▸ Wer ganz und gar vergesslich ist, muss sich tatsächlich im Laufe des Tages alle Ausgaben umgehend notieren, etwa im Taschenkalender.

Wie?

Auch hier gibt es drei miteinander kombinierbare Möglichkeiten:

1) Die Berechnungen, die man mithilfe eines Haushaltsbuchs an-
stellen kann, geschehen vernünftigerweise auf Monatsbasis, weil
die größten Einnahmen und Ausgaben, also Lohn/Gehalt einer-
seits und Miete andererseits, monatlich anfallen. Deshalb ist es
sinnvoll, auch bei den übrigen Ausgaben den Monatsbedarf aus-
zurechnen.

2) Aber natürlich ist die Angabe, dass man 3 Liter Milch pro Woche verbraucht, viel anschaulicher als »12,85 Liter im Monat«.
Wocheneinkäufe sind auch eher die Regel als Monatseinkäufe –
schon wegen der Haltbarkeit vieler Lebensmittel und des Platzes
im Kühlschrank. Niemand hindert Sie daran, die Monatsrechnung bei den Lebensmitteln noch mal zu unterteilen in einzelne
Wochen – das ist auch übersichtlicher.

Aber achten Sie darauf: 1 Monat ist nicht gleich 4 Wochen,
sondern 2 bis 3 Tage länger! Der alte Spruch »Das Leben ist am
schwersten drei Tage vor dem Ersten« rührt auch daher, dass
man seine Monatsplanung gerne auf der Basis von 4 Wochen,
also 28 Tagen macht – und damit jeden Monat 2 bis 3 Tage, im
Laufe eines Jahres also insgesamt 29 Tage unter den Tisch fallen
lässt.

Wenn Sie bestimmte Ausgaben auf Wochenbasis erfassen, müssen Sie den Durchschnittswert der vergangenen Wochen mit 4,28 multiplizieren, dann haben Sie den Wert für einen 30-Tage-Monat.

3) Ausgaben, die seltener als monatlich anfallen, müssen in eine separate Spalte eingetragen und auf den Monat umgerechnet werden. Sonst würde das Ergebnis des betreffenden Monats verzerrt.

Ein Beispiel: Die Kfz-Versicherung zahlt man zur Kostenersparnis am besten jährlich. Beläuft sich der – meist im Januar fällige – Jahresbeitrag auf 520 Euro, bucht man das natürlich nicht alles auf diesen Monat, sondern teilt den Betrag durch 12 und schlägt bei der Auswertung des Haushaltsbuchs nachträglich bei jedem Monat 43,33 Euro für die Kfz-Versicherung drauf. Genauso verfährt man mit allen anderen regelmäßigen Ausgaben, die seltener als einmal monatlich anfallen.

Anschaffungen wie eine neue Waschmaschine oder andere einmalige Ausgaben, wie zum Beispiel eine Spende für wohltätige Zwecke, sollten möglichst von den Rücklagen (s. S. 75) bezahlt, also gar nicht auf die einzelnen Monate umgelegt werden.

Die Ausgaben

Die »Haushaltskasse« ist ja meist nur noch ein virtueller Begriff. Die Zeiten, da nur mit Bargeld bezahlt wurde und der Mann wöchentlich eine »Lohntüte« ausgehändigt bekam, aus der er dann der Hausfrau das »Wirtschaftsgeld« zuteilte, sind lange vorbei. Heute hat jeder sein eigenes Bargeld bei sich, es gibt viele Ausgaben, bei denen sich nicht sauber zwischen »Taschengeld« und »Haushaltsgeld« trennen lässt – und immer häufiger bezahlt man ohnehin mit der Karte.

Wenn Sie aber merken, dass Sie speziell mit Ihrem Limit bei den Lebenshaltungskosten nicht hinkommen, sollten Sie überlegen, ob Sie nicht für einige Zeit »Abenteuer 1900« spielen: Heben Sie das Geld, das für die Woche zur Verfügung steht, in bar ab und legen Sie es in eine Schachtel. Einkäufe für den Haushalt werden nur aus dieser Kasse bezahlt. Das heißt auch, dass man den Einkauf gut planen muss und nicht dreimal am Tag auf dem Arbeitsweg spontan in einen Laden gehen kann – wobei man fast immer mehr kauft, als man eigentlich wollte.

Auf diese Weise haben Sie jeden Tag direkt vor Augen, wie viel Geld für die laufende Woche noch zur Verfügung steht. Wenn die Kasse am Donnerstag schon fast leer ist, gibt es eben zwei Tage nacheinander nur Nudeln mit Olivenöl. Bei dieser Gelegenheit können Sie auch herausfinden, ob Sie zu viel ausgegeben haben oder ob Ihr Wochenlimit zu knapp angesetzt ist.

(Ausgaben, die nicht jede Woche anfallen, wie die neuen Jeans, die Heizkostennachzahlung oder die Handyrechnung, bezahlen Sie natürlich nicht in bar aus der »Haushaltskasse« – sie ist nur für die alltägliche Lebenshaltung geeignet.)

Die nächste wichtige Frage lautet: Wie detailliert muss ich das Haushaltsbuch führen? Muss ich jeden Supermarkteinkauf aufschlüsseln, also jedes Stück Butter und jedes Brötchen einzeln aufführen? Nun, das wäre in den meisten Fällen natürlich übertriebene Genauigkeit. Außerdem nehmen die Kassenzettel der Supermärkte einem diese Detailarbeit ja heutzutage ab – die Produkte sind darauf ohnehin alle einzeln aufgeführt.

Also: **Kassenzettel aufbewahren** und im Ernstfall nachschauen, was genau denn nun dafür gesorgt hat, dass man statt der erwarteten 30 Euro doch wieder 55 Euro bezahlt hat. Und wenn man das Gefühl hat, in einem bestimmten Segment zu viel Geld auszugeben – zum Beispiel für Fertiggerichte, Süßigkeiten, Softdrinks oder Kosmetika –, kann man diesem Verdacht immer anhand der Kassenzettel nachgehen.

Eine **grobe Aufschlüsselung** insbesondere der Supermarktausgaben ist schon sinnvoll – »Einkäufe: 97 Euro« ist kein sehr aussagekräftiger Eintrag ins Haushaltsbuch –, vor allem, wenn es Besonderheiten gibt, also beispielsweise wegen einer Feier 80 Prozent davon auf Sekt und Rotwein entfallen.

In den Listen ab Seite 44 sind die Ausgaben nach Gruppen wie »Lebensmittel«, »alkoholfreie Getränke«, »Zigaretten« und »Körperpflege« sortiert. Das ist selbstverständlich nur ein Vorschlag – jeder kann die Segmente so gestalten, wie er es braucht. Nur in die Tasche lügen sollte man sich nicht. Die Zigaretten unter »Lebensmittel« zu verstecken, wäre zum Beispiel ziemlich geschummelt.

Das Wichtigste in Kürze

▶ Die Haushaltsrechnung geschieht **auf Monatsbasis** – von einer Gehaltszahlung zur nächsten.

▶ Die **Lebenshaltungskosten** erfasst man sinnvollerweise **wöchentlich** und rechnet sie dann für die Monatsrechnung zusammen.

▶ **Wie detailliert** man die Lebensmitteleinkäufe aufschlüsselt, muss man selbst entscheiden. Es ist sinnvoll, Segmente wie »Getränke«, »Süßigkeiten« und so weiter zu bilden.

▶ Ausgaben, die **seltener als monatlich** anfallen (z. B. Versicherungen), werden auf den Monat umgerechnet.

▶ Große **Anschaffungen** (z. B. der neue Kühlschrank) gehören nicht in die Monatsrechnung.

Tabellenteil 1: Die regelmäßigen Einnahmen und Ausgaben

Die folgende Tabelle dient dazu, erst einmal herauszufinden, wie viel Sie monatlich für die normale Lebenshaltung (Haushalt, Gastronomie, Verkehr, Freizeit etc.) ausgeben können, nachdem alle regelmäßigen Zahlungen berücksichtigt sind.

In dieser Tabelle erfassen Sie die laufenden, feststehenden Einkünfte und Kosten. In der Regel gehen diese – meist monatlich – automatisch, also per Einzugsermächtigung oder Dauerauftrag übers Konto, manchmal aber auch in bar (z. B. Taschengeld, Putzfrau).

Notieren Sie immer, was tatsächlich auf dem Konto ein- und abgeht, also zum Beispiel das Nettogehalt, die Warmmiete oder Honorare inklusive Mehrwertsteuer, wenn Sie mehrwertsteuerpflichtig sind.

Eine Aufstellung, die alle regelmäßigen Posten berücksichtigt, könnte zum Beispiel so aussehen:

Regelmäßige Einnahmen (Blankotabelle)

Einnahmen	Datum	Betrag mtl.
Lohn / Gehalt (netto)		
Rente / Pension / Altersteilzeitgeld / Betriebsrente		
Private Rente		
Kindergeld / Mutterschaftsgeld / BAföG / Pflegegeld / Waisenrente		
Erziehungsgeld / Elterngeld		
Unterhalt, Unterhaltsvorschuss		
ALG I / ALG II		
Sozialhilfe, Sozialgeld, Wohngeld, Heizkostenzuschuss etc.		
Unterstützung von Kirchen und karitativen Einrichtungen		
Krankengeld		
Weihnachtsgeld		
Summe		

Die Ausgaben

Regelmäßige Ausgaben (Blankotabelle)

Ausgaben	Datum	Betrag mtl.
Warmmiete		
Bankraten (Haus-, Autokredit etc.)		
Strom		
Betreuungskosten für Kinder		
Sportverein		
Bausparvertrag		
Sparrate		
Taschengeld		
Rückzahlung Privatdarlehen		
Kontoführung, EC-Karte, Kredit- karte		
Grundgebühr / Flatrate (Telefon / Handy / Internet)		
GEZ		
Lebensversicherung		
Berufsunfähigkeitsversicherung		
Hausratversicherung		
Privathaftpflichtversicherung		
Kfz-Versicherung		
Kfz-Steuer		
Automobilclub		
Summe		

Regelmäßige Einnahmen (Musterrechnung)

Einnahmen	Datum	Betrag mtl. (€)
Lohn / Gehalt (netto)	25. d. M.	1.289,65
Rente / Pension / Altersteilzeit-geld / Betriebsrente	---	---
Private Rente	---	---
Kindergeld / Mutterschaftsgeld / BAföG / Pflegegeld / Waisenrente	5. d. M.	308,00
Erziehungsgeld / Elterngeld	5. d. M.	637,87
Unterhalt, Unterhaltsvorschuss	---	---
ALG I / ALG II		
Sozialhilfe, Sozialgeld, Wohngeld, Heizkostenzuschuss etc.	---	---
Unterstützung von Kirchen und karitativen Einrichtungen	---	---
Krankengeld	---	---
Weihnachtsgeld (1.107,07 €)	Jährl. im November	92,25
Summe		2.327,77

Regelmäßige Ausgaben (Musterrechnung)

Ausgaben	Datum	Betrag mtl. (€)
Warmmiete	30. d. M.	712,00
Bankraten (Haus-, Autokredit etc.)	25. d. M.	200,00
Strom	15. d. M.	45,00
Kita (ermäßigt)	1. d. M	88,00
Bausparvertrag	2. d. M.	45,00
Sparplan Ausbildung Kinder		30,00
Taschengeld (Kind: 4,3 x wöchentlich 5 €; Eltern je 50 €)		121,50
Rückzahlung Privatdarlehen Eltern	18. d. M.	50,00
Kontoführung, EC-Karte, Kreditkarte	30. d. M.	10,00
Grundgebühr / Flatrate (Telefon / Handy / Internet)	20. d. M.	60,00
Berufsunfähigkeitsversicherung (100,35 €)	Vierteljährl.	33,45
GEZ (51,09 €)	Vierteljährl.	17,03
Sportverein (90 €)	Halbjährl. im Jan. und Juli	15,00
Lebensversicherung (403,20 €)	Halbjährl. im Juni u. Dez.	67,20
Hausratversicherung (108 €)	Jährlich im Mai	9,00
Privathaftpflichtversicherung (60 €)	Jährlich im Juni	5,00
Kfz-Versicherung (420 €)	Jährlich im Januar	35,00
Kfz-Steuer (90 €)	Jährlich im Januar	7,50
Automobilclub (80 €)	Jährlich im August	6,66
Summe		**1.557,34**

Der monatlich zur Verfügung stehende Betrag für die Lebenshaltungskosten beträgt also rechnerisch:

Einnahmen	2.327,77 €
minus Ausgaben	1.557,34 €
Restbetrag	770,43 €

Achtung, Falle!

Allerdings lauert hier schon die erste Falle, denn wegen der Abbuchungen, die nicht monatlich erfolgen, stehen scheinbar (!) fast 200 Euro mehr für die monatliche Haushaltsführung zur Verfügung. In einem normalen Monat ohne große Abbuchung gehen nur ca. 1.140 Euro automatisch vom Konto ab.

Das wird zwar teilweise ausgeglichen durch das Weihnachtsgeld, das ja auch nur einmal jährlich aufs Konto kommt, aber: Für die jährlich abgebuchten Beträge muss man eine monatliche Rücklage bilden, die auch für große einmalige Posten wie den Urlaub sowie für unvorhergesehene Ausgaben wie Reparaturen und Neuanschaffungen dient. Bei Hausbesitzern geht es vor allem um die Brennstofflieferung sowie die spezifischen Steuern, Gebühren und Versicherungen. Dafür das Weihnachtsgeld zu verplanen ist illusorisch – gegen Jahresende ist man meist froh, wenn das 13. Gehalt das Minus auf dem Girokonto ausgleicht und noch ein wenig Geld für Geschenke und die Weihnachtsgans übrigbleibt. Außerdem ist das Weihnachtsgeld, wenn die Versicherungsrechnung im Sommer kommt, ja noch gar nicht da.

(Zum Thema Rücklagen mehr ab Seite 75)

Eine ehrliche Berechnung des monatlich zur Verfügung stehenden Betrags sähe also so aus:

Monatliche Einnahmen (Blankotabelle)

Einnahmen	Datum	Betrag mtl.
Lohn / Gehalt (netto)		
Rente / Pension / Altersteilzeit-geld / Betriebsrente		
Private Rente		
Kindergeld / Mutterschaftsgeld / BAföG / Pflegegeld / Waisenrente		
Erziehungsgeld / Elterngeld		
Unterhalt, Unterhaltsvorschuss		
ALG I / ALG II		
Sozialhilfe, Sozialgeld, Wohngeld, Heizkostenzuschuss etc.		
Unterstützung von Kirchen und karitativen Einrichtungen		
Krankengeld		
Summe		

Monatliche Ausgaben (Blankotabelle)

Ausgaben	Datum	Betrag mtl.
Warmmiete / Hauskosten		
Bankraten (Haus-, Autokredit etc.)		
Strom		
Kita (ermäßigt)		
Bausparvertrag		
Sparplan Ausbildung Kinder		
Taschengeld		
Rückzahlung Privatdarlehen Eltern		
Kontoführung, EC-Karte, Kreditkarte		
Grundgebühr / Flatrate (Telefon / Handy / Internet)		
Rücklage für Versicherungen, GEZ, Urlaub, Unvorhergesehenes etc.		
Summe		

Monatliche Einnahmen (Musterrechnung)

Einnahmen	Datum	Betrag mtl. (€)
Lohn / Gehalt (netto)	25. d. M.	1.289,65
Kindergeld / Mutterschaftsgeld / BAföG / Pflegegeld / Waisenrente	5. d. M.	308,00
Erziehungsgeld / Elterngeld	5. d. M.	637,87
Summe		**2.235,52**

Monatliche Ausgaben (Musterrechnung)

Ausgaben	Datum	Betrag mtl. (€)
Warmmiete	30. d. M.	712,00
Bankraten (Haus–, Autokredit etc.)	25. d. M.	200,00
Strom	15. d. M.	45,00
Kita (ermäßigt)	1. d. M.	88,00
Bausparvertrag	2. d. M.	45,00
Sparplan Ausbildung Kinder		30,00
Taschengeld (Kind: 4,3 x wöchentlich 5 €; Eltern je 50 €)		121,50
Rückzahlung Privatdarlehen Eltern	18. d. M.	50,00
Kontoführung, EC–Karte, Kreditkarte	30. d. M.	10,00
Grundgebühr / Flatrate (Telefon / Handy / Internet)	20. d. M.	60,00
Rücklage	28. d. M.	300,00
Summe		**1.661,50**

Einnahmen	2.235,52 €	
minus Ausgaben	1.661,50 €	
Restbetrag	574,02 €	

Die hier als Modell gewählte Familie mit zwei Kindern hat also – ohne das Taschengeld – monatlich nicht einmal 600 Euro zum Leben, auch wenn es in der ersten Tabelle noch so aussah, als seien es knapp 800 Euro. (Wenn man ganz unvorsichtig ist und die Zahlungen vergisst, die seltener als monatlich anfallen, gibt man sogar fröhlich um die 1.000 Euro monatlich aus – und kann dann die Rechnungen nicht bezahlen …)

Weitere mögliche regelmäßige Einnahmen und Ausgaben, die in den Mustertabellen nicht erfasst sind:

Einnahmen:

- Spesen, Aufwandsentschädigungen
- Gratifikationen, Boni, Gewinnbeteiligungen, Provisionen
- Vermögenswirksame Leistungen des Arbeitgebers
- Honorare (inkl. erfolgsabhängige Nachzahlungen)
- Mieteinnahmen
- Streikgeld
- Kostgeld
- Erlöse aus privaten Verkäufen
- Unterstützung durch Verwandte oder Paten (Achtung: Was ist den Kindern zugedacht; wann darf man es dem Familienetat zuschlagen?)
- Rückzahlung privater Darlehen
- Einnahmen aus Kreditaufnahme
- Privatentnahmen (Gewinn), Abhebungen vom Sparkonto, Verkäufe von Vermögen (Edelmetalle, Schmuck)
- Zinseinnahmen, Dividenden, Ausschüttungen, Auszahlungen von Bausparverträgen, Guthaben, Pfandbriefen etc.
- Erstattungen und Leistungen privater Versicherungen

Die Ausgaben

- Einnahmen aus Schadenersatzzahlungen
- Steuerrückzahlungen und andere Erstattungen
- Sonstige Erstattungen (z. B. aus Heizkostenabrechnung)

Ausgaben:

- Hauskosten (Brennstoff, Versicherungen, Steuern, Gebühren)
- Miete oder Pacht für Büro/Atelier/Übungsraum/Schrebergarten etc.
- Private Vorsorge (Krankheit, Rente, Riester-Rente etc., Lebensversicherung)
- Spenden (z. B. Greenpeace, Caritas)
- Mitgliedsbeiträge (z. B. Gewerkschaft)
- Steuerberatung
- Zeitungs-/Zeitschriftenabonnement
- Pay-TV
- Fitnessstudio/Solarium etc.
- Musikunterricht/Volkshochschulkurs/Nachhilfe
- Studiengebühren
- Unterstützung/Darlehen für Eltern, Verwandte, Freunde, Patenkinder …
- Putzfrau
- Prepaid-Karte
- Benzin
- Lotto/Wettgemeinschaften/Kartenspielrunden
- Monatskarte
- Bahncard
- Dauerkarte/Abo (Theater, Oper, Fußball etc.)
- Überziehungszinsen/Dispo
- Friedhofsgebühren

Tabellenteil 2: Die wechselnden Ausgaben

Nachdem Sie nun wissen, wie viel jeden Monat für die Lebens- und Haushaltsführung da ist, kommen wir endlich zum Kernstück des Haushaltsbuchs: dem wöchentlichen und monatlichen Notieren aller bisher nicht erfassten Ausgaben.

Da sich die typischen Haushaltskosten am übersichtlichsten und anschaulichsten auf Wochenbasis erfassen lassen, hier zunächst die Blanko-Wochenliste (Seite 44/45) für alle Ausgaben, die nicht automatisch abgebucht werden und in der Regel mindestens einmal wöchentlich anfallen. Ergänzen Sie also in den leeren Zeilen die Dinge, die bei Ihnen häufiger als 4- bis 5-mal im Monat anfallen und Ihrer Meinung nach in die Wochenliste gehören.

> **Tipp** Kopieren Sie sich die Wochenliste ausreichend oft – und zwar vergrößert auf DIN-A4-Format. Am besten befestigen Sie die aktuelle Liste in einem Klemmbrett. Wenn die Woche um ist, geben Sie sie zu den anderen in eine Klarsichthülle, damit sie am Monatsende noch lesbar ist.

Auswertung der Wochenlisten – was bringt das?

Die Wochenlisten bewahren Sie ordentlich auf – Sie brauchen sie noch. Am Monatsende müssen Sie ein wenig damit rechnen:

1) Notieren Sie die Gesamtausgaben aus den Wochen, die vollständig in den abgelaufenen Monat fielen, auf einen Zettel.
2) Addieren Sie von den anderen Wochenlisten, die nicht komplett »Ihrem« Monat angehören (z. B. 29.10.–4.11. und 26.11.–2.12.), alle Ausgaben, die in den abgelaufenen Monat fielen, und notieren Sie das Ergebnis ebenfalls auf dem Zettel.
3) Zählen Sie alle Beträge zusammen und tragen Sie das Ergebnis in die Liste für den betreffenden Monat ein.

Anhand der Wochenlisten können Sie nun besser erkennen, wo denn das ganze schöne Geld bleibt. Wenn Sie drei oder mehr Monate lang diszipliniert und regelmäßig ein Haushaltsbuch geführt haben, sollten Sie sich mit den Wochenlisten hinsetzen und sie auswerten.

3 Monate sind 13 Wochen, das ist schon recht repräsentativ (zumindest, wenn kein sechswöchiger Urlaub in diese Zeit fiel). Wenn Sie zu jedem einzelnen Ausgabenbereich (Lebensmittel, Süßigkeiten und Snacks, Haushaltshygiene etc.) die 13 Wochensummen addieren und durch 13 teilen, haben Sie schon einen recht genauen und aussagekräftigen Durchschnittswert, was die Haustiere, die Körperpflege oder der Alkoholgenuss Sie wöchentlich so kosten.

Wenn Sie den Eindruck haben, dass Sie beispielweise für Lebensmittel oder für Körperpflege viel mehr ausgeben, als Sie dachten und wollen, können Sie von nun an gezielt differenzieren, indem Sie zum Beispiel künftig nicht mehr pauschal »Lebensmittel« erfassen, sondern unterteilen in: Tiefkühlkost und Fertiggerichte (teuer!); Fleisch und Fisch; Obst und Gemüse; Brot und Brötchen; Nudeln, Reis; Sonstiges. Dasselbe gilt für die Körperpflege: Wenn Sie diesen Bereich unterteilen in Kosmetik; Parfum; Haarpflege; Sonstiges, kommen Sie der teuren Pflegeserie sicher schnell auf die Spur ...

Auch für die Monatsliste (Seite 46/47) gilt: Ergänzen Sie in den leer gelassenen Zeilen die Dinge, die bei Ihnen regelmäßig anfallen und Ihrer Meinung nach in die Liste gehören.

Falls Sie die »großen Brocken« vermissen, die Ihnen immer wieder die Finanzplanung verhageln, wie zum Beispiel der Urlaub, die Autoreparatur und der neue Fernseher: Diese Posten gehören nicht in eine Monatsrechnung, weil sie diese wegen ihrer Größenordnung zwangsläufig sprengen.

Für solche Ausgaben müssen vielmehr Rücklagen gebildet werden (siehe Seite 75).

Am Jahresende heißt es bekanntlich, Bilanz zu ziehen und dann mit guten Vorsätzen ins neue Jahr zu starten – nicht nur beim Bleigießen, sondern auch bei den Haushaltsausgaben.

Dafür übertragen Sie einfach die Monatswerte in die Jahresliste auf Seite 48/49.

Die Wochenliste: Vom _____ bis _____

Wofür? / Wann?	Montag	Dienstag	Mittwoch
Lebensmittel (ohne Süßigkeiten und Snacks, Getränke und Tabak)			
Süßigkeiten und **Snacks**			
Getränke (alkoholfrei)			
Alkoholhaltige Getränke			
Zigaretten, Tabak			
Tierfutter und **Tierzubehör**			
Essen unterwegs (Kantine, Kiosk, Bäcker, Imbiss etc.)			
Körperpflege (Cremes, Duschgel, Zahnpasta, Parfum, Schminke, Deo, Aftershave etc.)			
Haushaltshygiene (Wasch- und Putzmittel, Putzgeräte, Klopapier etc.)			
Kleintextilien (Socken, Unterwäsche)			
Schreibwaren, Bastel- und **Heimwerkerbedarf** etc.			
Schnittblumen, Zimmerpflanzen			
Kleinerer Hausrat (Geschirr, Besteck, Gläser etc.)			
Medien (Bücher, Zeitschriften, CDs, DVDs)			
Mobilität (Benzin, Einzelfahrscheine für Bus und Bahn, Taxi)			
Kleinere Technik (Batterien, Glühbirnen, Filme, Filmentwicklung, CD- und DVD-Rohlinge etc.)			
Gesundheit (Medikamente, Zuzahlungen, Praxisgebühren)			
Gesamtausgaben für Haushalt diese Woche			

Die Ausgaben

Donnerstag	Freitag	Samstag	Sonntag	Wieviel? (Summe)

Tabellenteil 2: Die wechselnden Ausgaben

Die Monatsliste: Monat _____ 20 ___

Wofür?	Wann? Datum:	Datum:	Datum:	
Textilien (incl. Reinigung) **und Schuhe**				
Mittelgroßer Hausrat (Handtücher, Bettwäsche, Töpfe, Werkzeug, Kleingeräte wie Eierkocher, Taschenlampe etc.)				
Gartenbedarf (Pflanzen, Geräte, Dünger etc.)				
Für's Auto (TÜV, Inspektion, Öl, Reifenwechsel, Reparaturen, Zubehör, Parkgebühren)				
Handwerker (Telefon, Klempner, Elektriker etc.)				
Internet– und Telefongebühren (ohne Grundgebühr), **Porto, Kuriere**				
Geschenke (Sach– und Geld–)				
Schmuck, Uhren etc.				
Einmalige **Spenden**				
Einmalige **Sparbeträge**				
Schule und Studium (Hefte, Stifte, Bücher, Klassenkasse etc.)				
Spielzeug, Spiele, Computerspiele				
Sport (Schuhe, Kleidung, Geräte)				
Gastronomie (Kneipe, Café, Restaurant etc.)				
Ausgehen (Kino, Jahrmarkt, Theater / Oper / Konzert, Sportveranstaltungen etc.)				
Babysitter				
Schönheit und Gesundheit (Friseur, Sauna, Fußpflege etc.)				
Gebühren an Behörden und Institutionen (Reisepass, Visa, Personalausweis, Führungszeugnis, Prüfung, Eheschließung, Ummeldung etc.)				
Strafen (Strafzettel, Geldbußen, Geldstrafen, Schadenersatzzahlungen)				
Regelmäßige Ausgaben inkl. Rücklagen (Übertrag)				
Haushalt (Übertrag aus Wochenlisten)				
Gesamtausgaben in diesem Monat				
Einkünfte (Übertrag plus besondere Einnahmen wie Prämien etc.)				
Monatsbilanz				

Datum:	Datum:	Datum:	Datum:	Datum:	Wieviel? (Summe)

Tabellenteil 2: Die wechselnden Ausgaben

Die Jahresliste: Jahr 20 ___

Wofür?	Wann?	Januar	Februar	März	April
Textilien (incl. Reinigung) **und Schuhe**					
Mittelgroßer Hausrat (Handtücher, Bettwäsche, Töpfe, Werkzeug, Kleingeräte wie Eierkocher, Taschenlampe etc.)					
Gartenbedarf (Pflanzen, Geräte, Dünger etc.)					
Für's Auto (TÜV, Inspektion, Öl, Reifenwechsel, Reparaturen, Zubehör, Parkgebühren)					
Handwerker (Telefon, Klempner, Elektriker etc.)					
Internet- und Telefongebühren (ohne Grundgebühr), **Porto, Kuriere**					
Geschenke (Sach- und Geld-)					
Schmuck, Uhren etc.					
Einmalige **Spenden**					
Einmalige **Sparbeträge**					
Schule und Studium (Hefte, Stifte, Bücher, Klassenkasse etc.)					
Spielzeug, Spiele, Computerspiele					
Sport (Schuhe, Kleidung, Geräte)					
Gastronomie (Kneipe, Café, Restaurant etc.)					
Ausgehen (Kino, Jahrmarkt, Theater / Oper / Konzert, Sportveranstaltungen etc.)					
Babysitter					
Schönheit und Gesundheit (Friseur, Sauna, Fußpflege etc.)					
Gebühren an Behörden und Institutionen (Reisepass, Visa, Personalausweis, Führungszeugnis, Prüfung, Eheschließung, Ummeldung etc.)					
Strafen (Strafzettel, Geldbußen, Geldstrafen, Schadenersatzzahlungen)					
Regelmäßige Ausgaben inkl. Rücklagen (Übertrag)					
Haushalt (Übertrag aus Wochenlisten)					
Gesamtausgaben in diesem Monat					
Einkünfte (Übertrag plus besondere Einnahmen wie Prämien etc.)					
Monatsbilanz					

Mai	Juni	Juli	August	Sept.	Okt.	Nov.	Dez.	Wieviel? (Summe)

Tabellenteil 2: Die wechselnden Ausgaben

Die Liquiditätsrechnung

Für die vorausschauende Finanzplanung benötigen Sie eine Liquiditätsrechnung. Das klingt kompliziert, ist aber ganz einfach: Sie führen lediglich, in einer simplen WORD- oder EXCEL-Datei, Ihr Girokonto beziehungsweise Ihre Girokonten bei sich zu Hause, indem Sie alle Einnahmen und Ausgaben, die übers Konto laufen (werden), festhalten. Immer, wenn sich etwas verändert – also wenn Sie etwas mit der EC-Karte bezahlen oder einen Kontoauszug bekommen –, tragen Sie das baldmöglichst in diese Datei ein.

Tipp Nennen Sie diese »ewige« Datei am einfachsten »FINANZEN« und erstellen Sie davon regelmäßig eine Sicherungskopie.

Die Datei verändert sich permanent. Wo Ihr Geld geblieben ist, können Sie ihr nicht entnehmen – dazu sind das Haushaltsbuch und die Kontoauszüge da.

Sie beginnen mit dem jeweils aktuellen Kontostand:

*   Girokonto XX XX XXX bei der XYZ-Bank, BLZ XXX XXX XX
*   DISPO-Kredit: 11.000 Euro zu 13,25 %; darüber: 18,00 % (Stand 11/07)

Kontostand 22.12.07	– 345,24 €

Was Sie tun, wenn die Haushaltsmitglieder mehrere Konten haben, wird weiter unten erklärt.

Dann folgen die Einnahmen, die Sie der Einfachheit halber als Textbaustein speichern, weil die meisten davon ja monatlich gleich sind (Sie finden diese Funktion unter Einfügen/Autotext). Eventuelle zusätzliche Einnahmen fügen Sie der Tabelle einfach hinzu.

Zugänge	Betrag	Zeitpunkt
Gehalt M	+ 1.733,32 €	26. d. M.
Gehalt F	+ 919,78 €	26. d. M.
Kindergeld	+ 154,00 €	5. d. M.
Rückzahlung von Gisela	+ 100,00 €	
Von Rücklagen für Kfz-Vers. 27.12.	+ 350,00 €	
Summe	**+ 3.257,10 €**	

Unter Berücksichtigung des aktuellen Kontostands bedeutet das:

Saldo	+ 2.911,86 €

Nun folgen die monatlichen Abgänge vom Konto. Auch hier empfiehlt es sich, die immer wiederkehrenden Zahlungen (Daueraufträge und Abbuchungen), also zum Beispiel die Kosten für Miete, Energie, Telefon oder Versicherungen als Textbaustein zu speichern, damit Sie sie nicht Monat für Monat neu heraussuchen müssen – und vor allem, damit Sie nichts vergessen.

Textbaustein »monatliche Ausgaben«

Autorate	– 200,00 €	25. d. M.
Rücklage	– 300,00 €	28. d. M.
Miete	– 712,00 €	30. d. M.
Kita (ermäßigt)	– 88,00 €	1. d. M.
Bausparvertrag	– 45,00 €	2. d. M.
Sparplan Ausbildung Kinder	– 30,00 €	5. d. M.
Telefon + Internet ca.	– 30,00 €	ca. 12. d. M.
Strom	– 45,00 €	15. d. M.
Rückzahlung Privatdarlehen Eltern	– 50,00 €	18. d. M.
Handy ca.	– 30,00 €	20. d. M.
Kreditkarte (Benzin) ca.	– 70,00 €	

Die im Laufe des Monats hinzukommenden Ausgaben, die Sie mit der EC-Karte oder durch Überweisung tätigen, fügen Sie dann einfach an der passenden Stelle hinzu (im Beispiel unten sind diese Ausgaben *kursiv* gesetzt).

Wenn Sie wissen, dass Sie im laufenden Monat einen bestimmten Betrag bezahlen müssen, die Überweisung aber noch nicht getätigt haben, notieren Sie sich das »(noch nicht ausgeführt)« zusammen mit dem Datum, an dem Sie die Überweisung planen. Unsere Mustertabelle sähe dann um den 10.1.2008 zum Beispiel so aus:

Abgänge	Betrag	Zeitpunkt
Autorate	– 200,00 €	25. d. M.
REWE 28.12.	*– 87,43 €*	
Kfz-Versicherung	*– 358,50 €*	*zum 29.12. angewiesen*
Rücklage	– 300,00 €	28. d. M.
Miete	– 712,00 €	30. d. M.
Barabhebung 31.12.	*– 100,00 €*	
Kita (ermäßigt)	– 88,00 €	1. d. M
Bausparvertrag	– 45,00 €	2. d. M.
Barabhebung	*– 100,00 €*	
Sparplan Ausbildung Kinder	– 30,00 €	5. d. M.
Aldi 07.01.	*– 44,99 €*	
Telefon ca.	– 30,00 €	ca. 12. d. M.
Strom	– 45,00 €	15. d. M.
Rückzahlung Privatdarlehen Eltern	– 50,00 €	18. d. M.
Handy-/Internet-Grundgebühr	– 30,00 €	20. d. M.
Rechnung Waschmaschinenreparatur	*– 178,76 €*	*noch nicht ausgeführt; zum 20.1. machen*
Kreditkarte (ca.)	– 325,00 €	*wird am 23. d. M. abgebucht*
Gesamtabgänge (ca.)	**– 2.724,68 €**	
Saldo (ca.)	**+ 187,18 €**	

Diese Liste verändert sich nun permanent. Beachten Sie dabei folgende Punkte:

▸ Immer, wenn Sie einen Kontoauszug prüfen und abheften, tragen Sie in die Datei den neuen Kontostand mit Datum ein und löschen alle Einträge, die erledigt sind. (Als Beleg für das Geschehen auf Ihrem Konto haben Sie ja jetzt den Kontoauszug.)

▸ Sobald Sie eine Ausgabe tätigen, die über das Konto läuft, tragen Sie sie ein.

▸ Um der Übersichtlichkeit willen führen Sie diese Tabelle am besten auf Monatsbasis. Das bedeutet: Einnahmen und Ausgaben, die erst in drei Monaten eintreten werden, gehören nicht in diese Tabelle.

▸ Um den Tag der Gehaltsauszahlung herum fügen Sie einfach den Tabellen »Zugänge« und »Abgänge« die beiden entsprechenden Textbausteine hinzu und gleiten so in den nächsten Monat.

Und die Kreditkarte?

Wie Sie sehen, heißt die letzte Zeile in der Tabelle »Abgänge« stets »Kreditkarte«. Was sich auf Ihrem Kreditkartenkonto tut, sollen Sie natürlich nicht unter den Tisch fallen lassen, sondern in einer kleinen Extratabelle festhalten. Nur der jeweils errechnete Saldo zum Abrechnungstag gehört in die Tabelle »Abgänge«. Wenn Sie bestimmte regelmäßige Ausgaben wie beispielsweise das Tanken immer mit der Kreditkarte bezahlen, sollten Sie diesen Betrag gleich zu Monatsbeginn einrechnen.

• Kreditkartenkonto M (Mastercard) Nr. XXXXXXXX XYZ-Bank
• Wird stets am 16. Werktag des Monats (= ca. 23. d. M.) abgerechnet und automatisch durch Abbuchung vom Girokonto auf Null gesetzt.

Kontostand 05.01.08	**– 152,68 €**
Restaurant 05.01.	– 43,00 €
Benzin 06.01	– 71,22 €
Supermarkt 07.01.	– 58,16 €
Summe	**– 172,38 €**
Neuer Stand am 23.01.08	**ca. – 325,04 €**

Das Rücklagenkonto

Auch Ihr Festgeldkonto, auf dem Sie Überschüsse sowie Ihre regelmäßigen Rücklagen parken, sollten Sie stets im Blick haben.

- Konto XXXXXX bei der V.A.G.–Bank
- Ausschließlich Online-Banking
- Reines Guthaben-Konto für Girokonto-Überschüsse und Rücklagen
- Kundennummer XXXXXX

Kontostand 15.12.2007	**+ 4.349,29 €**
Zugänge	
Dauerauftrag (28.12.)	+ 300,00 €
Abgänge	
16.12. für Weihnachtsgeschenke	– 400,00 €
27.12. Für Kfz-Vers.	– 350,00 €
Neuer Stand am 15.1.08 (ca.)	**+ 3.900,00 €**

Die Ausgaben

Und was bringt die Zukunft?

Die Übersichtlichkeit wäre sicherlich sehr beeinträchtigt, wenn man in der normalen Liquiditätsrechnung monatelang Posten wie das zu erwartende Weihnachtsgeld oder die Miete für das Urlaubsquartier vor sich herschieben würde. Deshalb empfiehlt es sich, die Einnahmen und Ausgaben, die nicht in den laufenden Monat fallen, sondern erst später aktuell werden, in einer **gesonderten, langfristigen Liquiditätsrechnung** festzuhalten und vorauszuplanen.

Wenn Sie in diese Tabelle auch die Kontoüberschüsse beziehungsweise -fehlbeträge sowie den aktuellen Wert Ihrer Geldanlagen aufnehmen, haben Sie auf einen Blick eine Momentaufnahme Ihrer Finanzlage vor Augen.

Weitere Abgänge (noch nicht ausgeführt):

Minus-Saldo Girokonto	– 0,00 €	
Schulden bei Oma	– 500,00 €	plus Zinsen
Urlaubsquartier Sommer	– 780,00 €	(Bei Anreise am 4.7.08 fällig)
Abschlussrate Autokauf	– 4.700,00 €	November 2008
18. Geburtstag Patensohn	– 500,00 €	Zum 12.5.2009 auszahlen; bis dahin anlegen
Summe (ca.)	**– 6.480,00 €**	

Weitere Zugänge und Guthaben:

Girokonto (ca.)	+ 150,00 €	(Stand 10.1.08)
Rücklagen-Konto (ca.)	+ 3.900,00 €	(Stand 15.1.08)
Urlaubsgeld	+ 300,00 €	(Mit Junigehalt)
Lohnsteuerjahresausgleich	ca. + 450,00 €	ca. Oktober
Kaution Wohnung	+ 2.684.28 €	Liegt auf Sparbuch
Guthaben aus Anlagen (Fonds, Bausparvertrag)	+ 5.450.00 €	Stand 10.1.08
Summe (ca.)	**12.935,00 €**	

Saldo (ca.)	**+ 6.455,00 €**	

Sonst noch was?

Je nachdem, wie genau Sie es wissen wollen (und wie viel Spaß Sie daran haben, es herauszufinden), können Sie in Ihre Datei »FINANZEN« noch viele andere Dinge aufnehmen, die es Ihnen erleichtern, Ihre Finanzangelegenheiten zu überblicken, ohne erst lange in Ordnern oder Papierstapeln wühlen zu müssen. Was gibt es noch?

1) Die Liste der regelmäßigen Einnahmen und Ausgaben (unterteilt in monatlich, vierteljährlich, halbjährlich und jährlich). Diese Liste haben Sie für das Haushaltsbuch bereits erstellt – der beste Ort, diese Liste zu speichern und zu verändern, ist die Datei FINANZEN.

2) Eine Aufstellung Ihrer Geldanlagen (Bausparvertrag, Lebensversicherung, Sparpläne, Aktien/Fonds, Riester-Rente etc.) mit allen relevanten Informationen: Institut und Nummer des Vertrags/Depots; Einzahlungsbetrag und -datum; Summe Ihrer Einzahlungen; aktueller Bestand/aktuelles Guthaben; mögliche Kündigungsfristen; Auszahlungszeitpunkt und -betrag; Telefonnummer für Kauf- und Verkaufsaufträge von Aktien und Fondsanteilen und so weiter.

Hier ein Beispiel:

Bausparvertrag bei der XY-Kasse (ab Januar 2003):
- Vertragsnummer: X XXX XXX X XX
- Tel. Sachbearbeiterin: Frau XXXXX, Tel. XXXX/XXXXXXXXX
- Bausparsumme **30.000 €**
- Monatlicher Beitrag: **85 €** (40 € vermögenswirksame Leistung + 45 € eigener Sparbeitrag)
- Auszahlung bei 30 % der Bausparsumme (= ca. 9.000 €) möglich
- Bonuszins: 5 % rückwirkend bei Nicht-Inanspruchnahme des Darlehens.

Einzahlungen (bis inkl. 12/07):
- Abschlußgebühr: 300 €
- Mtl. 85,50 € = 5.100 €

Guthaben 31.12.2006: 6.217,98 € (+ 300 € Abschlussgebühr)

Achtung: Bausparvertrag wird ausgezahlt, wenn er zuteilungsreif ist, wegen VWL aber frühestens nach 7 Jahren (= Jan. 2010)!

Tipp

Damit man auf eine plötzlich eintretende Krise schnell reagieren kann, ist eine Liste nützlich, in der man festhält, welche Ausgaben man ganz schnell kappen kann, weil es keine Kündigungsfristen wie etwa bei der Miete gibt. Hier eine Beispielliste:

Schnelle Sparmöglichkeiten im Notfall

Monatlich:
- Rücklage   300 €
- Bausparen   45 €
- Sparplan Kinder   30 €
- Putzfrau   60 €

Darlehen Eltern (nur im äußersten Notfall)   50 €

Gesamt monatlich (ca.)   375 € + 50 € = 425 €

Jährlich:
- Rechtsschutzversicherung
- Zeitungsabo
- ADAC-Mitgliedschaft
- ADAC-Schutzbrief
- Steuerberater
- Fußballwetten
- Spende

Auto abschaffen? (spart Benzin, Versicherung, Steuer)

Da die Datei »FINANZEN« vermutlich diejenige in Ihrem Computer ist, die Sie am häufigsten öffnen und benutzen, ist es praktisch, ganz an den Anfang der Datei Ihre aktuelle Erledigungsliste zu stellen. Darin kann alles stehen, woran Sie denken müssen – von der Änderung des Dauerauftrags und der rechtzeitigen Kündigung der Kfz-Versicherung über die Reservierung des Urlaubsquartiers und das Anmelden des Autos zur Inspektion bis zu Omas Geburtstag und dem lange aufgeschobenen Anruf bei einer alten Schulfreundin.

Auch Dinge, an die Sie regelmäßig (z. B. jährlich) denken müssen, finden hier Platz.

Eine solche Erledigungsliste könnte etwa so aussehen:

Oktober:
- Winterreifen draufmachen
- Skatabend organisieren

November:
- Freistellungsaufträge bei XXX-Bank und Sparkasse ändern
- Zahnarzttermin (Kontrolle)
- Oma anrufen wegen Weihnachtsgeschenken

Dezember:
- Kfz-Versicherung kündigen? (bis 10.12.)
- Recherchieren: Rückkaufwert Lebensversicherung

Später:
- Im September 08 läuft Personalausweis aus
- TÜV geht bis 3/09

Regelmäßig:
- Mitgliedschaft Fitnessstudio immer im Oktober überprüfen: Geh ich da noch hin?
- Steuererklärung muss immer bis spätestens 31.05. beim Finanzamt II abgegeben werden. (Meine Steuernummer: XX XXX XXX)
- Steuererklärung für 2006 wurde am 25.05. eigenhändig abgegeben.

3) Eine **Hochrechnung** Ihrer voraussichtlichen **Altersbezüge**, die sich aus den jährlich von der BfA verschickten Rentenprognosen (nehmen Sie immer die vorsichtigere, pessimistischere Variante an!) sowie aus den voraussichtlichen Erträgen aus Betriebsrenten, Riester-Rente und weiterer privater Vorsorge ergibt, also zum Beispiel den Erträgen aus einer Kapitallebensversicherung oder aus einem Fondssparplan fürs Alter. Hier ein Beispiel:

Rente:
- Gesetzliche Rente: **1.150 €** (lt. BfA 2007)
- 2026: Auszahlung Lebensversicherung 108.000 € (Stand Mai 2007) = bei 3 % Verzinsung ab dann mtl. ca. **270 €**
- 2022 Auszahlung Aktiensparfonds mit Höchststandgarantie: Ca. 142.000 € = bei 3 % Verzinsung ab dann mtl. ca. **355 €**
- Gesamt: Ca. **1.775 €** im Monat

> **Tipp** Rechnen Sie lieber mit einer niedrigen Verzinsung Ihres Vermögens! Wenn es dann mehr wird: Umso besser!

4) Eine Aufstellung Ihrer monatlichen **Spar- und Schuldendienstsumme**, also des Betrags, den Sie nicht verkonsumieren. Ein Beispiel:

Sparen:
- Rücklage   300 €
- Bausparvertrag   45 €
- Sparplan Ausbildung   30 €

Schuldentilgung:
- Autorate   200 €
- Darlehen Eltern   50 €

Summe: **625 €**

5) Eine **Aufstellung aller wichtigen Kontonummern**, die Sie regelmäßig brauchen.

6) Eine Aufstellung aller Freistellungsaufträge für Ihre Sparanlagen. Ein Beispiel:

Freistellungsaufträge, Stand 10.1.2008
(in Klammern Datum der letzten Änderung)

- XYZ–Privatbank   1.230 € (20.03.07)
- Sparkasse   0 € (23.01.06)
- Bausparkasse   195 € (05.01.07)
- Aktienfonds   57 € (Jan. 07)
- Direktbank   223 € (Jan. 07)
- **Summe**   **1.602 €**

Erlaubt für Ehepaare: 1.602 € (neu seit Jan. 07)

Tipp Auch Kinder dürfen das Existenzminimum (derzeit 7.669,38 Euro) und Zinsen in Höhe von 750 Euro pro Jahr steuerfrei »verdienen«. Aber: Das Geld muss wirklich den Kindern gehören; die Eltern dürfen nicht einfach darüber verfügen.

Das Wichtigste in Kürze

▸ Die Liquiditätsrechnung ist das Girokonto zu Hause – eine sich ständig verändernde Liste aller künftigen Einnahmen und Ausgaben.

▸ Regelmäßige monatliche Einnahmen und Ausgaben werden per Textbaustein eingesetzt.

▸ Für die Kreditkarte und das Festgeld für die Rücklagen werden eigene »Konten« geführt.

▸ Einnahmen und Ausgaben, die Sie später als innerhalb des folgenden Monats tätigen, werden in einer separaten Tabelle erfasst.

▸ Auch alle weiteren Geldangelegenheiten (Versicherungen, Darlehen, Geldanlagen, Kontonummern, Freistellungsaufträge etc.) sowie eine Liste zu erledigender Dinge können in der Datei »FINANZEN« Platz finden.

▸ Legen Sie eine Liste für »Schnelle Sparmöglichkeiten im Notfall« an.

[Wie verbessere ich meine finanzielle Lage?]

Die Antwort auf diese Frage ist erst einmal banal: mehr einnehmen und/oder weniger ausgeben. Zu diesem Ergebnis kommen die Betroffenen in »Raus aus den Schulden« immer dann, wenn auf dem Flipchart die Einnahmen und die Ausgaben gegenübergestellt werden – was meist für erschrockene Gesichter sorgt. Aber wie setzt man diese Erkenntnis in die Tat um?

Die Einnahmen erhöhen

Die Einkünfte zu erhöhen ist kein leichtes Unterfangen, aber man sollte nichts unversucht lassen. Die Möglichkeiten, die es gibt, lassen sich in drei Gruppen zusammenfassen:

1) Das Arbeitseinkommen erhöhen
2) Staatliche oder sonstige Unterstützung in Anspruch nehmen
3) Einnahmen durch Verzicht auf eigenen Lebensstandard erzielen

Diese drei Möglichkeiten lassen sich natürlich auch miteinander kombinieren.

1) Arbeitseinkommen

Um das Arbeitseinkommen Ihres Haushalts zu erhöhen, sollten Sie folgende Möglichkeiten prüfen:

▶ Kann ein Haushaltsmitglied, das bisher nicht voll arbeitet, eine Arbeit aufnehmen oder seine Stundenzahl ausweiten, etwa weil die Kinder aus dem Gröbsten raus sind?

▶ Auch halbwüchsige Kinder können – in einem gewissen vertretbaren Rahmen – durch Babysitten oder Zeitungsaustragen etwas hinzuverdienen und so zumindest den Taschengeldetat der Familie entlasten.

▶ Ist ein Nebenjob wie beispielsweise Putzen möglich?

▶ Können Sie mit dem Arbeitgeber über eine Gehaltserhöhung verhandeln?

▶ Kommt ein Wechsel auf eine besser bezahlte Stelle (innerhalb oder außerhalb des bisherigen Betriebs) in Frage?

▶ Das Nettoeinkommen lässt sich auch durch eine Verbesserung der steuerlichen Situation erhöhen. Sie sollten immer eine Steuererklärung machen und alle legalen Möglichkeiten des Steuersparens ausschöpfen. Machen Sie alle Spesen, Werbungskosten, Vorsorgeaufwendungen, Verluste aus selbstständiger Nebentätigkeit sowie aus Aktiengeschäften, Gesundheitskosten, besonderen Belastungen auch wirklich geltend.

▶ Übrigens: Auch eine Eheschließung kann eine Erhöhung des Nettoeinkommens zur Folge haben. Je nach Einkommenshöhe bieten sich unterschiedliche Steuerklassen an. Das alleine ist natürlich kein ausreichender Grund für den Gang zum Standesamt, aber wenn sonst nichts dagegen spricht …

Literaturtipps zu diesem Thema finden Sie im Anhang auf Seite 136.

2) Staatliche oder sonstige Unterstützung

Unterstützung für Bedürftige gibt es vor allem vom Staat und seinen Einrichtungen, aber auch bei Kirchen und Wohlfahrtsorganisationen. Ob Sie Unterstützung erhalten, hängt zum einen davon ab, ob Sie die Voraussetzungen erfüllen – und zum anderen davon, ob Sie den Schritt tun, darum zu bitten. Auch wenn staatliche Leistungen kein Almosen sind, sondern etwas, worauf man einen Rechtsanspruch hat, tun sich viele schwer, den Weg etwa zum Sozialamt zu gehen.

Sie finden im Anschluss eine Auflistung, welche Formen der Unterstützung es gibt – mit kurzen Hinweisen, an wen Sie sich jeweils wenden müssen, und Tipps für die eigene Recherche. Zu beachten ist, dass es verschiedene staatliche Ebenen gibt – Sie können also leider nicht bei *einer* zentralen Stelle alles erfahren und beantragen. Manche Leistungen werden vom Bund gewährt, andere vom Land oder der Gemeinde. Lassen Sie sich von diesem Amtsdschungel nicht abschrecken, mit etwas Hartnäckigkeit werden Sie die für Sie relevanten Informationen bekommen.

Hier die wichtigsten Einkommenszuschüsse, über die Sie sich näher informieren sollten, von A–Z:

▸ **Arbeitslosengeld I**

Für wen? Für Arbeitslose. Der Bezug von ALG I ist an eine bestimmte Mindestdauer des beitragspflichtigen Beschäftigungsverhältnisses gekoppelt (Anwartschaftszeit). Höhe und Anspruchdauer richten sich nach der Dauer des Arbeitsverhältnisses und dem letzten Verdienst. Maximale Bezugsdauer: 18 Monate.

An wen wenden? Zuständig dafür ist die Agentur für Arbeit an Ihrem Wohnort. Der Antrag muss persönlich gestellt werden.

Informationen: im Internet unter *www.arbeitsagentur.de*

▸ **Arbeitslosengeld II (= Hartz IV)**

Für wen? Erwerbsfähige Hilfebedürftige zwischen 15 und 65 Jahren.

An wen wenden? Zuständig dafür ist die Agentur für Arbeit an

Ihrem Wohnort, eine Arbeitsgemeinschaft (ARGE) oder die Kommune.

Informationen: im Internet unter *www.arbeitsagentur.de* und *www.sozialhilfe24.de*

▶ **BAföG**

Für wen? Azubis und Studierende.

An wen wenden? Zuständige Stelle der jeweiligen (Fach-)Hochschule oder Berufsfachschule.

Informationen: im Internet unter *www.bafoeg.bmbf.de* und *www.bafoeg-antrag.de.*

▶ **Ermäßigungen**

Für wen? Zum Beispiel für Schüler, Studenten, Familien und Senioren.

Informationen: Über Berechtigung und Nachweise können Sie sich bei Ihrer Stadt- beziehungsweise Kreis- oder Gemeindeverwaltung erkundigen.

▶ **Familienzuschüsse: Erziehungsgeld, Elterngeld, Kindergeld, Kinderzuschlag**

Für wen? Für Familien und Alleinerziehende.

An wen wenden? / Informationen: Was Ihnen zusteht, wo und wie Sie diese Zuschüsse beantragen, erfahren Sie unter der Internetadresse des Familienministeriums *www.bmfsfj.de*, dort finden Sie auch die für Sie zuständigen Ämter gelistet.

▶ **Krankengeld**

Für wen? Krankengeld ist eine gesetzlich geregelte Leistung der gesetzlichen Krankenversicherung bei Arbeitsunfähigkeit, die a) an Personen gezahlt wird, die in einem Arbeitverhältnis stehen und b) an Bezieher von Arbeitslosengeld I.

Informationen: Welche Leistungen Ihnen nach Ablauf der Lohnfortzahlung durch den Arbeitgeber ab welchem Krankheitstag zustehen, erfahren Sie bei Ihrer Krankenkasse. Für Arbeitslose ist die Agentur für Arbeit am Wohnort zuständig.

▶ **Lohnfortzahlung im Krankheitsfall**

Für wen? Für Arbeitnehmer. Das Krankengeld wird in der Regel sechs Wochen lang nach Krankheitsbeginn vom Arbeitgeber gezahlt und entspricht dem regulären Einkommen.

An wen wenden? Im Krankheitsfall sofort mit dem Arbeitgeber in Verbindung setzen. Im Anschluss daran tritt die Krankengeldzahlung durch die Krankenkasse in Kraft (siehe dort).

▶ **Mutterschaftsgeld**

Für wen? Wird an gesetzlich krankenversicherte Frauen (freiwillig oder pflichtversichert) unter bestimmten Voraussetzungen in einem bestimmten Zeitraum vor/nach der Geburt ihres Kindes gezahlt.

Informationen: Wer berechtigt ist (Arbeitsverhältnis etc.) und wie die Antragstellung funktioniert, erfahren Sie bei Ihrer zuständigen Krankenkasse. Allgemeine Informationen auf der Webseite des Familienministeriums *www.bmfsfj.de*

▶ **Pflegegeld**

Für wen? Pflegebedürftige Personen, die in eine der Pflegestufen (1, 2 oder 3) eingestuft wurden. Es handelt sich um eine Leistung aus der Pflegeversicherung. Sie soll es dem Pflegebedürftigen ermöglichen, den Angehörigen eine materielle Anerkennung für die im häuslichen Bereich sichergestellte Pflege zukommen zu lassen.

An wen wenden? Pflegekasse.

Informationen: *www.pflegeld-ratgeber.de*

▶ **Riester-Rente (staatlich geförderte Form der privaten Altersversorgung)**

Für wen? Pflichtversicherte Arbeitnehmer und Selbstständige, Beamte, Azubis, Beschäftigte im öffentlichen Dienst, Berufs- und Zeitsoldaten, Wehr- und Zivildienstleistende, Eltern in Kindererziehungszeit, Bezieher von Arbeitslosengeld, Ehegatten von Förderberechtigten.

An wen wenden? / Informationen: Allgemeine Informationen bieten die Webseiten des Bundesministeriums für Arbeit und Soziales (*www.bmas.bund.de*) und der Deutschen Rentenversicherung Bund (*www.deutsche-rentenversicherung-bund.de*); zur Auswahl des richtigen Produkts beraten Sie die Verbraucherzentralen.

▶ **Sozialhilfe (Hilfe zum Lebensunterhalt)**

Für wen? Sie steht nur Bedürftigen zu, die aufgrund anderer Rechtsvorschriften sonst keine Leistungen erhalten – also weder Arbeitslosengeld II noch Grundsicherung im Alter – und bei Erwerbsminderung. Arbeitslosengeld II und Grundsicherungsleistungen gehen also vor. Hilfe zum Lebensunterhalt steht denjenigen Menschen im erwerbsfähigen Alter zu, für die vorübergehend keine Erwerbstätigkeit möglich ist, zum Beispiel wegen Erwerbsminderung, längerfristiger Krankheit oder weil sie in einer Einrichtung leben und betreut werden.

An wen wenden? Es ist kein Antrag für den Bezug von Sozialhilfe erforderlich. Die Sozialhilfe, mit Ausnahme der Leistungen der Grundsicherung im Alter und bei Erwerbsminderung, setzt ein, sobald dem Träger der Sozialhilfe oder den von ihm beauftragten Stellen bekannt wird, dass die Voraussetzungen für die Leistung vorliegen.

Informationen: Hilfreiche Tipps finden Sie im Internet unter *www.sozialhilfe24.de*

▶ **Unterhaltsvorschuss**

Für wen? Diese Zahlung sichert den Unterhalt minderjähriger Kinder, wenn ein unterhaltspflichtiger Elternteil keinen Unterhalt für ein Kind zahlt oder diesen nicht zahlen kann.

An wen wenden? Zuständig für die Antragstellung ist das jeweilige Jugendamt beziehungsweise die Stadt- oder Kreisverwaltung.

Informationen: Allgemeine Hinweise finden Sie auf der Webseite des Familienministeriums *www.bmfsfj.de*

▶ **Vermögenswirksame Leistung**

Für wen? Für Arbeitnehmer. Es handelt sich um eine tariflich oder per Arbeitsvertrag vereinbarte Geldleistung durch den Ar-

Wie verbessere ich meine finanzielle Lage?

beitgeber, der über einen bestimmten Zeitraum eine Summe auf ein Anlagekonto des Arbeitnehmers überweist. Je nach Vertrag muss beziehungsweise kann der Arbeitnehmer etwas dazuzahlen. **An wen wenden?** Erkundigen Sie sich bei Ihrem Arbeitgeber, in welcher Form er sich an solchen Sparverträgen beteiligt, und bei Finanzdienstleistern, welche Modelle sie anbieten.

▶ **Wohngeld**
An wen wenden? Zuständig dafür ist das Amt für Wohnungswesen an Ihrem Wohnort. Dort wird man Sie über Ihre Berechtigung und die Antragstellung informieren.
Informationen: Hilfreiche Tipps im Internet unter *www.wohngeldantrag.de*

3) **Verzicht auf Lebensstandard**

Auch durch den Verzicht auf Lebensstandard können Sie Einnahmen erzielen, etwa indem Sie

▶ Gegenstände aus dem eigenen Besitz verkaufen (z. B. über Ebay, auf dem Flohmarkt, über Anzeigenblätter): Geschirr, Zweitfernseher, Möbel, die Plattensammlung – also Dinge, die man nicht mehr unbedingt braucht;
▶ sich räumlich einschränken und Räume der eigenen Wohnung untervermieten, zum Beispiel, wenn die Kinder aus dem Haus sind und ihre Zimmer nicht mehr brauchen.

Das Wichtigste in Kürze

Um mehr Geld im Portemonnaie zu haben, kann man ...
▶ ... das Arbeitseinkommen erhöhen (Nebenjobs, Jobwechsel etc.)
▶ ... Unterstützung wie zum Beispiel Wohngeld beantragen
▶ ... etwas aus dem Eigenbestand verkaufen oder Räume vermieten.

Die Ausgaben reduzieren

Dies ist kein Sparratgeber; Sie finden hier also keine ausführliche Liste mit konkreten und detaillierten Tipps zum Einsparen auch kleinerer Beträge wie zum Beispiel 2,30 Euro, die man angeblich spart, wenn man die Kühlschranktür immer ganz schnell wieder schließt. Literaturtipps zum Thema Sparen finden Sie im Anhang auf Seite 136. Generell gilt:

Tipp Behalten Sie stets den Überblick! Wenn Sie Ihre Unterlagen sowieso regelmäßig durchsehen, können Sie dabei auch alle Versicherungen, Telefonanbieter und Energieversorger daraufhin checken, ob Sie (noch) den günstigsten Anbieter haben.

Hier einige Möglichkeiten zum Einsparen mittlerer und größerer Beträge:

Aller-neueste Modelle
> ▶ Ob Kamera, Auto, Computer oder Handy – es muss nicht immer das aktuellste Modell sein. Die ein bis zwei Jahre zuvor eingeführten Modelle sind meist ebenso tauglich – und kosten oft nicht einmal die Hälfte der groß angepriesenen Messeneuheiten.

> ▶ Bedenken Sie: Der allerletzte Schrei wird in sechs Monaten auch schon wieder von gestern sein. Soll man dafür wirklich einen drei- bis vierstelligen Mehrbetrag hinlegen?

Auto
Das Auto ist natürlich einer der größten Kostenfaktoren in jedem Haushalt – und entsprechend viele Einsparmöglichkeiten schlummern hier.

> ▶ Die radikalste Maßnahme ist sicher die Abschaffung des Autos, die nicht nur Geld aus dem Verkauf in die Kasse bringt, sondern auch viele Kosten spart (Benzin, Versicherung, Steuern, Werkstatt, TÜV, Parkgebühren, Strafzettel und und und …). Es muss na-

türlich gewährleistet sein, dass die wichtigen Wege (z. B. zur Arbeit) auch ohne Auto bewältigt werden können (mit öffentlichen Verkehrsmitteln oder in einer Fahrgemeinschaft etc.) und die Kosten für die Alternative nicht höher sind als für die Haltung des eigenen Autos. Wer nur hin und wieder ein Auto braucht, sollte über Carsharing nachdenken (s. nächster Punkt).

- Carsharing eignet sich für jene, denen es vor allem auf die Verfügbarkeit eines Autos im Bedarfsfall ankommt (z. B. für Großeinkäufe oder Transporte). Es lohnt sich für alle, die im Jahr weniger als 10.000 Kilometer fahren.

- Mittlerweile gibt es zumindest in Großstädten eine funktionierende Carsharing-Struktur. Wie die einzelnen Modelle funktionieren (zeitlicher Vorlauf, evtl. Einstiegsgebühr, Haftungsfragen, Kosten pro Kilometer etc.) und welche Agentur in Ihrer Nähe ist, können Sie gut über die zentrale Webseite *www.carsharing.de* recherchieren.

- Vorteil: Die laufenden Kosten, die man ja oft für ein kaum genutztes Auto bezahlt, entfallen weitgehend. Man hat nur die Kosten, die durch die tatsächliche Benutzung entstehen.

- Nicht ganz so radikal ist es, den Zweitwagen abzuschaffen oder das große Auto gegen ein kleineres, energiesparendes einzutauschen, um so vor allem Spritkosten zu sparen.

- Kleinere, aber effiziente Maßnahmen sind eine spritsparende Fahrweise und der Verzicht auf Kurzstreckenfahrten in der Stadt, die ökologisch wie ökonomisch unsinnig sind.

Dauer-aufträge

▶ Daueraufträge und Einzugsermächtigungen sind schnell eingerichtet beziehungsweise erteilt – und sie geraten ebenso schnell aus dem Blick.

▶ Deshalb sollte man mindestens einmal jährlich seine Kontoauszüge systematisch daraufhin durchgehen, was da so alles automatisch vom Konto fließt und ob diese Beträge gerechtfertigt sind.

▶ Checken Sie also regelmäßig: Mitgliedsbeiträge für Vereine und Organisationen, Versicherungen, Abonnements für Zeitungen und Zeitschriften, regelmäßige Spenden und so weiter.

▶ Kündigen Sie alles, was dieser Prüfung nicht standhält. Eine E-Mail mit der Bitte um Bestätigung der Kündigung genügt meist schon. Da kann schon einiges zusammenkommen, was Ihren Haushalt entlastet.

Eigen-heim

▶ Die bitterste Sparmaßnahme ist es sicherlich, wenn man gezwungen ist, das eigene Haus aufzugeben. Aber wenn es nötig wird, sollte man es schnellstmöglich tun – und nicht bis zur demütigenden Zwangsversteigerung warten, die dann auch noch viel weniger bringt als ein Verkauf. Der Erlös aus dem Hausverkauf und die in der Regel geringere monatliche Belastung durch die Miete kann ein guter Anfang für die Tilgung von Schulden sein.

▶ Wenn man sich zum Hausverkauf entschließt, weil es für die Familie inzwischen zu groß geworden ist, hat man anschließend genug Geld, um eine den eigenen Bedürfnissen viel besser gerecht werdende Wohnung zu kaufen oder zu mieten – und kann noch etwas fürs Alter zurücklegen.

Gas/ Strom

▶ Den Gasversorger kann man neuerdings jährlich ohne Begründung wechseln – hier lohnt also die genaue Beobachtung des Marktes und der Preise.

- Beim Stromanbieter ist ein noch kurzfristigerer Wechsel möglich.
- Wenn Sie über einen Wechsel nachdenken, ist die Beratung durch die Verbraucherzentralen empfehlenswert.

Handeln Mittlerweile ist die Erkenntnis auch in Deutschland angekommen: Preisschilder sind keine Gesetzestafeln, sondern Vorschläge des Verkäufers, der einen bestimmten Abschlag längst einkalkuliert hat.

- Das gilt natürlich nicht im Supermarkt, aber ganz sicher bei den großen Brocken wie dem Haus, der Wohnungsmiete und dem Auto.
- Auch die Verkäufer gehobener Konsumgüter wie teurer Kleidung oder Uhren und Schmuck sind darauf eingestellt, mit der Forderung nach einem Abschlag konfrontiert zu werden.
- Ebenfalls handeln kann und sollte man bei Versicherungen und Banken. Es ist keineswegs unangemessen, sondern ganz normal, auf attraktivere Angebote der Konkurrenz zu verweisen und um Nachbesserung zu bitten.

Heizung
- Die traditionellen Heizmaterialien Öl und Gas werden immer teurer – Alternativen wie eine Holzpellet-Heizung oder Sonnenkollektoren zur Warmwasserbereitung bergen also immer größere Sparpotenziale.
- Bedenken Sie dabei aber die erst einmal recht hohen Kosten, die durch die Installation einer neuen Heizungsanlage entstehen. Wenn Ihre Rücklagen die Anschaffung erlauben und Ihnen ein mittel- bis langfristiger Spareffekt ausreicht, ist es aber durchaus eine Überlegung wert.

Internet Die Internet-Provider unterbieten sich weiterhin permanent gegenseitig im Preis. Es lohnt also, den Markt und die eigenen Kündigungsfristen im Auge zu behalten.

Konto
- Nicht alle Banken verlangen Kontoführungsgebühren; das kostenlose Girokonto bieten immer mehr Institute an.
- Manche Banken haben auch die gebührenfreie Kreditkarte im Angebot.
- Vergleichen, nachverhandeln oder wechseln kann einen dreistelligen Betrag pro Jahr einsparen.

»Luxus« Manche Familien und Haushalte pflegen auch einen gewissen Luxus, ohne dass es ihnen bewusst ist. Es handelt sich dabei um Annehmlichkeiten, an die man sich gerne gewöhnt hat. Sie bieten ein nicht zu unterschätzendes Sparpotenzial.

- Haben Sie zum Beispiel eine Putzfrau, die alle zwei oder sogar jede Woche zwei oder drei Stunden lang bei Ihnen für Ordnung und Sauberkeit sorgt? Bei einem angenommenen Stundensatz von 10 Euro könnten Sie, wenn Sie wieder selber putzen, monatlich zwischen 40 und 120 Euro sparen!
- Regelmäßige Restaurantbesuche gehen ins Geld und das ist seit Einführung des (T)Euro nicht nur »gefühlt« kostspieliger geworden. Unter 60 Euro wird ein Paar in einem netten Mittelklasse-Restaurant wohl nicht davonkommen. Wer sich das zwei- bis dreimal monatlich gönnt, könnte durch die eigenen Kochkünste eine schöne Summe sparen.
- Fahren Sie mehrmals im Jahr in Urlaub und haben Sie auch einen gewissen Anspruch an den Komfort am Urlaubsort? Das Nutzen von Sparangeboten, günstigere Reisezeiten, weniger Flugreisen, einige Sterne weniger oder ein Verzicht auf den Zweit- oder

Dritturlaub können sich auf Ihrem Konto deutlich bemerkbar machen.

Miete
▶ Für die Miete gilt dasselbe wie für das Auto: Großer Kostenfaktor, großes Sparpotenzial.

▶ Bevor Sie aber aus Kostengründen gleich in eine kleinere Wohnung umziehen, versuchen Sie doch erst einmal, Ihre Miete zu senken.

▶ Wenn das Umfeld günstig ist, sprich: die ortsüblichen Mieten relativ niedrig und Ihre eher hoch, können Sie den Vermieter direkt fragen, ob er bereit ist, die Miete auf eine ortsübliche Höhe zu senken, weil Sie sonst ausziehen müssten.

▶ Wenn Sie ein unproblematischer Mieter und ein guter Zahler sind, wird der Vermieter es sich zweimal überlegen, ob er einen Mieterwechsel will – zumal er die Wohnung ohnehin nicht mehr zu dem hohen Betrag vermieten kann, auf den Sie sich einst haben einlassen müssen.

**Organi-
sation**
▶ Je besser Ihr Haushalt und Ihre Finanzen organisiert sind, desto weniger Geld verlieren Sie durch Fehler und Nachlässigkeiten.

▶ Also: Einkaufszettel schreiben, Zahlungstermine und Kündigungsfristen beachten, Anschaffungen planen, Urlaub rechtzeitig buchen – all das bringt bares Geld.

Telefon
Für Handy- und Telefontarife gilt dasselbe wie für die Internet-Provider:

▶ den Markt beobachten
▶ Preise vergleichen
▶ Kündigungsfristen im Auge behalten
▶ notfalls wechseln.

Übrigens: Handys und Handy-Telefonate sind große Geldfresser. Bis vor etwa zehn Jahren gab es diesen Ausgabeposten noch gar nicht, es ist aber auch kein vergleichbarer Ausgabenblock dafür weggefallen. Das ist sicherlich einer der Gründe, warum viele Menschen, die mehrere Handys haben und diese ausgiebig benutzen, in finanzielle Schwierigkeiten geraten. Überschuldete Haushalte hatten 2007 im Schnitt knapp 600 Euro Schulden bei Telekommunikationsanbietern.

Versicherungen

▸ Sie sollten Ihre Versicherungen regelmäßig daraufhin checken, ob Sie den günstigsten Anbieter haben – und ob Sie die betreffende Versicherung überhaupt (noch) brauchen (siehe Auflistung ab Seite 77).

▸ Wechseln kann man übrigens auch die Krankenkasse – theoretisch jedes Jahr.

▸ Wenn es einmal eng ist, kann man die Zahlungen an die Lebensversicherung (und auch an die Bausparkasse) eine Zeitlang ruhen lassen, ohne die Leistungen und Guthaben zu verlieren.

Wartung

Wer sein Auto und seine Geräte – vom Computer bis zur Waschmaschine – regelmäßig wartet, erspart sich teure Reparaturen oder Neuanschaffungen.

Zigaretten

Ein unangenehmes Thema für Raucher. Hier nur ein kleines Rechenbeispiel: Wer ein Päckchen à 4 Euro am Tag raucht, braucht dafür pro Monat 120 Euro, pro Jahr also 1.440 Euro. Alle zehn Jahre löst sich so ein neuwertiges Mittelklasseauto im blauen Dunst auf.

Rücklagen bilden

Zu einer vernünftigen, vorausschauenden Haushaltsplanung gehört es, dass Rücklagen gebildet werden. Etwa 10 bis 15 Prozent des verfügbaren Einkommens sollten dafür eingeplant werden.

»Rücklage« heißt: Sie müssen das Geld so »parken«, dass es Ihnen nicht im alltäglichen Haushalt versickert – aber gleichzeitig auch so, dass Sie im Bedarfsfall sofort drankommen.

Tipp Zur Verwaltung Ihrer Rücklagen empfiehlt sich ein Tagesgeld-konto, am besten bei einer Onlinebank, das bringt in der Regel mehr Zinsen. Überweisen Sie die Rücklage per Dauerauftrag gleich nach dem Gehaltseingang auf das Tagesgeldkonto – und »vergessen« Sie dieses Guthaben dann! Es muss klar sein, dass die Rücklage nicht für normale Konsumausgaben oder zum Stopfen aufgetretener Löcher da ist, sondern für erwartete Rechnungen sowie für unvorhergesehene größere Ausgaben.

Hier einige Beispiele für Ausgaben, bei denen man normalerweise auf die Rücklagen zurückgreifen muss, weil man sie nicht aus dem laufenden Betrieb bezahlen kann:

▸ Sanierungen, Umbauten, Renovierungen am Haus
▸ Jahresabrechnung von Energie- und Hauskosten
▸ Urlaub (einplanen muss man nicht nur das Quartier und die Reisekosten wie den Flug oder das Benzin, sondern auch die höheren Lebenshaltungskosten am Urlaubsort sowie Neuanschaffungen von vergessenen Dingen etc.)
▸ Neu- und Ersatzanschaffungen: Möbel, Teppiche und Groß- und Kleingeräte wie Wasch- und Spülmaschine, Kühlschrank, Computer, Digitalkamera etc.
▸ Zahnersatz und teure Zahnbehandlungen
▸ Freizeitartikel (Boot, Camping, Sport) und die dazugehörigen Gebühren und Beiträge
▸ Winter- bzw. Sommerreifen
▸ Musikinstrumente

- Klassenfahrten
- Steuernachzahlung/-vorauszahlung
- Rückzahlung überhöhter Vorschüsse, Freibeträge o. Ä.
- Einmalige Sparbeiträge und Spenden

Tipp Machen Sie sich eine Liste Ihres »Maschinen- und Fuhrparks«: Auto, Fahrräder, Waschmaschine, Spülmaschine, Kühlschrank, Computer, Handy und so weiter. Notieren Sie das jeweilige Baujahr. Alles was älter als 7 Jahre ist (Handy und PC: 2–3 Jahre), wird bald ersetzt werden müssen. Planen Sie diese Ausgaben ein.

Das Wichtigste in Kürze

- Größere Ausgaben wie die Anschaffung von Geräten oder Reparaturen sollten nicht aus dem laufenden Etat finanziert werden, sondern aus den Rücklagen.
- 0 bis 15 Prozent des Nettoeinkommens sollten stets zurückgelegt werden.
- Die Rücklagen sollten auf einem eigenen (Festgeld-)Konto angespart werden und für Konsumzwecke tabu sein.
- Eine Liste des »Maschinenparks« erleichtert die Planung von Neuanschaffungen.

Welche Versicherungen brauche ich wirklich?

Die Deutschen geben im Schnitt mehr als 4 Prozent ihres Einkommens für Versicherungen aus – das ist mehr als für Kleidung und Schuhe zusammen.

Ein Teil der Milliardensummen für die Absicherung gegen alle nur denkbaren Risiken ist sinnlos ausgegebenes Geld. Oft haben Menschen ganz und gar überflüssige Versicherungen und sind beispielsweise gegen ein und dasselbe Risiko doppelt und dreifach abgesichert. Häufig wechseln sie aus Bequemlichkeit nicht zur günstigeren Konkurrenz und zahlen so beispielsweise für die Kfz-Versicherung Hunderte von Euro zu viel im Jahr.

Unter allen Umständen absichern muss man sich gegen existenzbedrohende Risiken (Krankheit, Tod, Verlust der Erwerbsfähigkeit, Haftung für Schäden). Gehen Sie die folgende Liste Punkt für Punkt durch, prüfen Sie Ihre Unterlagen, kreuzen Sie das entsprechende Kästchen an – und entscheiden Sie dann, wie Sie mit den einzelnen Versicherungen umgehen wollen.

Unbedingt erforderliche Versicherungen

Kranken-, Renten- und Pflegeversicherung: Alle fest angestellten Arbeitnehmer (unterhalb der Versicherungspflichtgrenze) haben diese Pflichtversicherungen automatisch. Aber auch Selbstständige sowie Kinder, Hausmänner und -frauen sollten sich unbedingt für den Pflegefall absichern. Die medizinische Behandlung von Kindern ist in der Regel über die Krankenversicherung der Eltern abgedeckt.

Habe ich ☐   Habe ich nicht ☐   Was tun? _____

Selbstständige brauchen zusätzlich eine **Krankentagegeldversicherung**, die den Verdienstausfall auffängt.

Habe ich ☐   Habe ich nicht ☐   Was tun? _____

Privathaftpflichtversicherung: Haftet bei Schäden, die man selbst oder die Familienmitglieder (Ehepartner und Kinder) anrichten. Gilt aber nicht für Fahrzeugführer.

Habe ich ☐   Habe ich nicht ☐   Was tun? _____

Kfz-Haftpflichtversicherung: Haftet bei Schäden, die beim Fahrten mit dem eigenen Auto angerichtet werden.

Habe ich ☐   Habe ich nicht ☐   Was tun? _____

Besitzer von größeren Haustieren (Hund, Pferd etc.) brauchen zusätzlich eine entsprechende Tierhalterhaftpflichtversicherung.

Besitzer von Kleintieren (Katzen, Nagetiere, Schildkröten, Vögel etc.) hingegen sind durch die Privathaftpflichtversicherung abgesichert.

Habe ich ☐   Habe ich nicht ☐   Was tun? _____

Vermieter müssen in ihre Privathaftpflichtversicherung die Hausbesitzer-Haftpflichtversicherung integrieren, die für jene Schäden einsteht, welche die Mieter erleiden und für die der Hausbesitzer haftet.

Habe ich ☐   Habe ich nicht ☐   Was tun? _____

Risikolebensversicherung: Zahlt im Todesfall eine Einmalsumme, die hoch genug angesetzt werden sollte (mindestens 300.000 €). Wichtige Absicherung vor allem für den Hauptverdiener in Familien und für Hausfinanzierungen.

Nachteil: Das eingezahlte Geld ist verloren, wenn der Versicherungsfall nicht eintritt.

Vorteil: Viel geringere Beiträge als bei der Kapitallebensversicherung.

Habe ich ☐   Habe ich nicht ☐   Was tun? _____

Berufsunfähigkeitsversicherung (BUV): Ersetzt einen Teil des Einkommens in Form einer monatlichen Rente und ergänzt so die (geringe) gesetzliche Erwerbsminderungsrente.

Die BUV sollten Sie möglichst abschließen, solange Sie noch jung und gesund sind. Je älter man ist, desto problematischer und teurer wird es.

Nachteile: Versicherungen schließen gerne genau die Krankheiten aus, die aufgrund der medizinischen Vorgeschichte am wahrscheinlichsten eintreten werden. (Aufgepasst: Nachlässigkeiten beim Beantworten der Gesundheitsfragen können später zum Verlust des

Versicherungsschutzes führen!) Und: Das eingezahlte Geld ist verloren, wenn der Versicherungsfall nicht eintritt.

Habe ich ☐   Habe ich nicht ☐   Was tun? _____

Unfallversicherung: Sichert gegen die Folgen von Unfällen (Invalidität) ab, entweder durch eine hohe Einmalzahlung oder durch eine Rente. Am wichtigsten ist die Unfallversicherung für Nicht-Berufstätige, die keinen oder nur einen geringen Rentenanspruch und auch keine Berufsunfähigkeitsversicherung haben, also für Kinder, Studenten und Hausfrauen und -männer.

Habe ich ☐   Habe ich nicht ☐   Was tun? _____

Hausbesitzer brauchen eine **Wohngebäudeversicherung** (gegen Sturm-, Hagel-, Feuer- und Leitungswasserschäden) und unter Umständen eine **Gewässerschadenhaftpflichtversicherung** (gegen die Folgen eines undichten Öltanks).

Habe ich ☐   Habe ich nicht ☐   Was tun? _____

Versicherungen, die nicht zwingend, aber sinnvoll sind

Kfz-Voll- oder Teilkaskoversicherung: Sichert Schäden am eigenen Auto ab. Vollkasko lohnt nur bei Neuwagen und/oder finanzierten Autos. Ansonsten genügt die Teilkaskoversicherung. Bei alten Autos mit geringem Zeitwert ist die Kaskoversicherung gänzlich überflüssig.

Habe ich ☐   Habe ich nicht ☐   Was tun? _____

Auslandskrankenversicherung: Sichert die Akutbehandlung im Ausland sowie den Rücktransport nach Hause ab.

Habe ich ☐   Habe ich nicht ☐   Was tun? _____

Hausratversicherung: Sie ist dann sinnvoll, wenn bei einem großen Schaden (Feuer, Löschwasser, Einbruch) das Ersetzen des Hausrats (Textilien, Mobiliar, Geräte etc.) finanzielle Probleme schaffen würde oder wenn sich Gegenstände von großem Wert (Schmuck, Kunstwerke etc.) im Haushalt befinden.

Habe ich ☐   Habe ich nicht ☐   Was tun? _____

Pflegezusatzversicherung: Ergänzt die (oft nicht ausreichenden) Zahlungen der Pflegeversicherung um ein Tagegeld oder die Übernahme bestimmter weiterer Kosten.

Habe ich ☐   Habe ich nicht ☐   Was tun? _____

Reiserücktrittsversicherung: Eine solche Versicherung, die von Reiseveranstaltern stets angeboten wird, ist dann sinnvoll, wenn der Preis der geplanten Reise sehr hoch ist und das Reiseantrittsdatum noch weit entfernt liegt.

Habe ich ☐   Habe ich nicht ☐   Was tun? _____

Elementarschädenversicherung: Für Hausbesitzer im Hinblick auf den Klimawandel sinnvoll. Achtung: In Risikogebieten (z. B. Überschwemmungsgebieten) sind die Prämien kaum mehr bezahlbar; hier lohnt die Versicherung meist nicht.

Habe ich ☐   Habe ich nicht ☐   Was tun? _____

Ggfs. überflüssige beziehungsweise nicht empfohlene Versicherungen:

Rechtsschutzversicherung: Hier ist genau zu prüfen, welche Rechtsstreitigkeiten von der Versicherung übernommen werden und welche nicht. Fälle, bei denen es um einen so hohen Streitwert geht, dass diese Versicherung sich rentiert, sind selten. Zudem gilt die Versicherung für bestimmte, häufig auftretende Fälle nicht, beispielsweise für Bau-, Scheidungs- und Erbschaftsangelegenheiten. Auch für Auseinandersetzungen, die bei Abschluss der Versicherung schon begonnen hatten, zahlt die Versicherung nicht.

Habe ich ☐   Habe ich nicht ☐   Was tun? _____

Kapitallebensversicherung: Sehr verbreitete, aber unrentable Mischform von Absicherung und Geldanlage.
Sinnvoller: Risikolebensversicherung (mit geringen Beiträgen, da kein Kapital angespart wird) und lukrative Kapitalanlage.

Habe ich ☐   Habe ich nicht ☐   Was tun? _____

Insassenunfallversicherung: Vollkommen überflüssig, da die Autoinsassen entweder durch die eigene Kranken- beziehungsweise Unfallversicherung oder durch die Haftpflichtversicherung des Unfallverursachers abgesichert sind.

Habe ich ☐   Habe ich nicht ☐   Was tun? _____

Reiseunfallversicherung: Überflüssig, da man auch auf Reisen durch die eigene Unfallversicherung abgesichert ist.

Habe ich ☐   Habe ich nicht ☐   Was tun? _____

Reisehaftpflichtversicherung: Unnötig, da man auch auf Reisen durch die eigene Haftpflichtversicherung abgesichert ist.

Habe ich ☐   Habe ich nicht ☐   Was tun? _____

Reisegepäckversicherung: Der Ersatz der tatsächlich werthaltigen Teile des Reisegepäcks kostet wahrscheinlich weniger als die Versicherung selbst.

Habe ich ☐   Habe ich nicht ☐   Was tun? _____

Glasversicherung: Die meisten denkbaren Schäden sind viel billiger als die Versicherungsprämie. Große Risiken sind durch die Hausratversicherung oder die Haftpflichtversicherung des Verursachers abgesichert.

Habe ich ☐   Habe ich nicht ☐   Was tun? _____

Schutzbriefe von Automobilclubs: Auch hier sind die konkreten Kosten im Schadensfall meist geringer als die Kosten des Schutzbriefs.

Habe ich ☐   Habe ich nicht ☐   Was tun? _____

Das Wichtigste in Kürze

▶ Schließen Sie alle existenziell wichtigen Versicherungen ab.

▶ Wenn Sie es sich finanziell erlauben können, sollten Sie auch die empfohlenen Versicherungen abschließen beziehungsweise behalten.

▶ Prüfen Sie sorgfältig, ob Sie überflüssige Versicherungen abgeschlossen haben. Kündigen Sie diese, sobald das möglich ist.

▶ Überprüfen Sie jährlich alle Versicherungen und fragen Sie sich: Brauche ich sie noch? Habe ich die günstigste Versicherung? Sie können Versicherungsverträge jährlich kündigen.

▶ Das neue Versicherungsrecht seit Januar 2008 bringt den Verbrauchern Vorteile, die sich teilweise auch auf Altverträge auswirken. Informieren Sie sich, z. B. bei den Verbraucherzentralen.

Haushalten will gelernt sein

Jeder Erwachsene muss den Umgang mit Geld beherrschen – oder eben lernen. Die Voraussetzungen des Wirtschaftens sind aber, je nach Lebenssituation, sehr unterschiedlich.

Im nächsten Kapitel ab Seite 97 ist für die verschiedenen Einkommensgruppen aufgeführt, welche Ausgaben für die einzelnen Lebensbereiche normal sind. Hier zunächst einige allgemeine Hinweise für bestimmte Lebensmodelle und besondere Herausforderungen – alles unter dem Aspekt der Finanzen betrachtet.

Der Single-Haushalt: Alles selbst entscheiden – und bezahlen

Wer alleine wohnt und lebt, kann so frei wie niemand sonst über sein Einkommen verfügen. Es müssen keine Kinder versorgt werden und die Ausgaben müssen nicht mit dem Partner abgesprochen werden. Kurzfristige Finanzlöcher können durch Umschichtungen und Einschränkungen gestopft werden, über die man nur selbst entscheiden muss. Und Urlaub ist auch außerhalb der teuren Schulferienzeit möglich – das spart richtig Geld.

Aber: Zu den Single-Haushalten gehören nicht nur hippe Mittdreißiger/innen mit einem coolen Job in einer Werbeagentur, sondern auch alleinstehende Rentner sowie Studenten – beides Gruppen, die normalerweise wenig Geld haben. Deshalb gehören Singles – neben Arbeitslosen und Alleinerziehenden – zu den Menschen mit dem höchsten Armutsrisiko.

Nachteile:

▶ Die Ausgaben für das Wohnen sind für Single-Haushalte prozentual viel höher als bei Familien gleichen Einkommens. Auch Singles brauchen zumindest ein Bad, eine Küche und ein bis zwei Zimmer, und die Kosten für solche – in Familien gemeinsam genutzten – Räume werden eben nicht von mehreren Verdienern getragen und meistens auch nicht durch staatliche Zuschüsse aufgefangen.

▶ Dasselbe gilt für die Kosten des Autos, für Waschmaschine, Spülmaschine, Kühlschrank etc.

▶ Kleinportionen für Singles sind verhältnismäßig teurer als Großpackungen für Familien.

▶ Was den Urlaub betrifft: Ein Einzelzimmer kostet natürlich pro Person mehr als ein Doppelzimmer oder gar eine Ferienwohnung.

Eine besondere Herausforderung ist das Wirtschaften sicher für junge Leute, die ihre erste eigene Bude und meistens kein hohes Einkommen haben. Die Umstellung von der taschengeldgestützten »Rundum-Sorglos-Existenz« im Hotel Mama ist nicht leicht.

Das Entscheidende auch hier: Keine Schulden machen, keine Anschaffungen auf Ratenbasis tätigen, keine teuren Konsumgüter kaufen! Wenn der Umgang mit dem eigenen Geld und mit den verblüffenden Fixkosten – Miete, Nebenkosten, Steuern, Versicherungen und so weiter – sowie den unerlässlichen Ausgaben zum Beispiel für Nahrung und Hygiene erst einmal gelernt ist, kann der Sparplan fürs Cabrio immer noch aufgelegt werden.

Nicht leicht ist das Leben auch für alleinstehende Rentner: Die Kosten fürs Wohnen fallen überproportional ins Gewicht. Und es gibt keine Aussicht, dass sich das Einkommen irgendwann erhöht – eher im Gegenteil: Die Kaufkraft der Renten hat in den vergangenen Jahren stetig abgenommen, weil die kärglichen Rentenerhöhungen von der Inflation aufgefressen wurden.

Literatur mit Tipps zum Sparen finden Sie im Anhang auf Seite 136.

Am schlechtesten dran: Alleinerziehende und Arbeitslose

Bei Alleinerziehenden verbinden sich die wirtschaftlichen Nachteile, die das Versorgen der Kinder mit sich bringt, mit denen des Singles:

- Wohnen ist noch teurer – das Kind braucht auch Platz, verdient aber nichts.
- Alleinerziehende können sich und ihre Kinder weder ausreichend versichern noch ausreichende Rentenansprüche erwerben und Rücklagen fürs Alter bilden, weil sie in der Regel allenfalls eine Teilzeitbeschäftigung ausüben können.
- Deshalb tragen Alleinerziehende, zusammen mit Arbeitslosen, das größte Armutsrisiko überhaupt.

Wichtig (und absolut legitim) ist es, alle denkbaren Unterstützungsquellen ohne falsche Scham und ohne Zögern anzuzapfen:

- Staatliche Beihilfen wie zum Beispiel Arbeitslosengeld, Wohngeld, Unterhaltsersatz (falls der Ex-Partner nicht zahlen kann oder will), Kleidergeld, Sozialhilfe
- Zusätzliche Unterstützung durch Wohlfahrtsorganisationen oder Kirchen
- Auch bessergestellte Familienmitglieder können oft helfen – sei es durch direkte Zuschüsse, sei es durch kleine Jobs wie Bügeln oder Renovieren.
- Generell gilt: Das Geld zusammenhalten und sparsam leben, wo immer es geht – bis die Durststrecke vorüber ist, also die Kinder versorgt sind oder wieder eine Arbeit gefunden ist.

Reden Sie sich nicht ein, Sie müssten diese Notlage alleine regeln und aushalten. Armut ist in den meisten Fällen nicht selbstverschuldet und sollte nicht als persönliches Versagen betrachtet werden. Suchen Sie sich Unterstützung, wenn Sie in die Schulden zu rutschen drohen – Sie haben Anspruch darauf, dass Ihnen geholfen wird!

Literatur mit konkreten Tipps zum Sparen und Hinweise auf professionelle Hilfe finden Sie im Anhang auf Seite 136.

Paare ohne Kinder: Easy living?

Die so genannten »Dinks« (»Double income, no kids«) werden in wirtschaftlicher Hinsicht oft beneidet. Und tatsächlich ist ihr Leben vergleichsweise komfortabel – vor allem, wenn beide verdienen, was ja der Normalfall ist.

Ein Vorteil ist, dass man sich die Miete teilt. Es muss kein Kind versorgt und keine Ausbildung finanziert werden. Da beide arbeiten, zahlen beide auch voll in die Altersversorgung ein. Und man kann während der günstigeren Zeiten in Urlaub fahren. (Diese Vorteile werden allerdings teilweise ausgeglichen, weil staatliche Leistungen wie das Kindergeld entfallen.)

Getrennte oder gemeinsame Kasse? Das ist, finanziell gesehen, die Königsfrage für Paare.

Führen beide getrennte Konten, ist es sicher komplizierter, den Überblick über die Ausgaben zu behalten. Wie kann man feststellen, wie viel man als Paar, als gemeinsamer Haushalt nun eigentlich ausgibt? An vielen Stellen stoßen die säuberlich getrennten Finanzen der Partner doch zusammen, weil es um gemeinsame Kosten, Anschaffungen oder Unternehmungen geht. Viele Paare behelfen sich mit einer Mischlösung, bei der beide einen festen Betrag in die gemeinsame Kasse einzahlen. Spannend wird es dann erstens, wenn diese Kasse am 20. des Monats leer ist – und zweitens, wenn die Partner unterschiedlich viel verdienen.

Leichter behält man den Überblick sicher in Partnerschaften, in denen alles in einen Topf gelegt wird und einer den (konfliktträchtigen) Job des »Finanzministers« übernimmt. Wenn es sogar nur ein gemeinsames Konto gibt, ist der Überblick besonders leicht zu gewinnen – allerdings muss man Toleranz üben (»Du rauchst, dafür habe ich eine Bundesliga-Dauerkarte«) und Lösungen für das jedem Partner zustehende, »persönliche« Taschengeld finden – denn es ist natürlich albern, wenn die Abbuchung für das Geburtstagsgeschenk des Partners durch dessen »Buchhaltung« läuft ...

Tipp Wenn in einer Ehe beide Partner berufstätig sind, sollte man übrigens einen Gedanken auf die Steuerklassen verwenden – bei stark unterschiedlichen Einkommen ist es am besten, wenn der Vielverdiener die Klasse 3 nimmt, der andere die 5. Bei etwa gleich hohen Einkommen hingegen ist es günstiger, wenn beide die Klasse 4 haben. Allerdings ist die Steuerklassen-Frage nur während des laufenden Jahrs relevant, also für die Frage, wie viele Steuern der Arbeitgeber erst einmal einbehält. Mit dem Lohnsteuerjahresausgleich beziehungsweise der Steuererklärung wird ermittelt, wie viele Steuern das Paar letztlich zahlen muss – und das ist unabhängig von der Steuerklasse, die auf der Lohnsteuerkarte steht.

Familien: Wirklich so schlecht dran?

Kinder sind das Armutsrisiko Nummer 1 in Deutschland, so heißt es immer, und das sei auch ein Hauptgrund für die Kinderarmut in Deutschland. Ganz so stimmt das aber nicht. Das durchschnittliche Pro-Kopf-Einkommen von Familien mit Kindern ist keineswegs extrem niedrig, auch wenn ein Paar mit Kindern nur 63 Prozent des Einkommens zur Verfügung hat, das ein kinderloses Paar ausgeben kann.

Das eigentliche Armutsrisiko für Eltern sind nicht die Kinder, sondern die Trennung – vor allem der alleinerziehende Teil bekommt dann ein echtes Problem. Aus einer Familie werden dann plötzlich zwei Haushalte mit nur je einem Erwachsenen – die finanziell ungünstigste Konstellation.

Nachteile:

▸ Die Geburt eines Kindes bedeutet – neben den unbezahlbaren Glücksgefühlen – einen doppelten Angriff auf die Finanzen. Man hat höhere Kosten und zugleich weniger Einkommen.

▸ Ein Kind kostet bis zu seinem 18. Geburtstag laut Statistischem Bundesamt so viel wie ein kleines Einfamilienhaus – und gleichzeitig steigt zumindest ein Elternteil zeitweise aus dem Erwerbsleben und meistens gänzlich aus der weiterführenden Karriere aus. Das hat Folgen für das Einkommen und vor allem für die Altersversorgung, denn wer weniger verdient, bekommt später auch weniger Rente.

▸ Natürlich können auch viele Eltern Geld zurücklegen, aber sie tun dies vor allem, um die Ausbildung ihrer Kinder zu finanzieren (ein Studium kostet die Eltern um die 30.000 Euro) – da bleibt wenig für die eigene private Altersversorgung.

▸ Wenn beide Eltern voll arbeiten, entstehen vor allem in den ersten sechs Lebensjahren erhebliche Betreuungskosten.

▸ Was gerne unterschätzt wird, sind die enormen Kosten für die Kleidung der Kinder und insbesondere für Schuhe – vor allem in Wachstumsphasen kommt man da in manchen Jahren locker auf einen vierstelligen Betrag für Kinderschuhe.

▸ Die typischen Herzenswünsche und Statussymbole von Kindern und Jugendlichen – erst Spielzeug, Haustier und Spielkonsole, später dann Markenklamotten und Handys – sowie die Mobilitätskosten des Nachwuchses (z. B. Monatskarte, Motorroller, Führerschein) sind echte Kostenfaktoren, entweder in Form von Taschengeld oder durch direkte Zahlung.

▸ Auch die Kosten für den Haushalt sowie die Urlaube in der teuersten Reisezeit des Jahres sind für Familien hoch.

Selbstständige: Um alles muss man sich alleine kümmern ...

Selbstständige sind in wirtschaftlicher Hinsicht ganz ihr eigener Herr: Von dem, was sie einnehmen, zieht niemand automatisch Steuern oder Beiträge zur Kranken-, Renten- und Arbeitslosenversicherung ab. Das ist verführerisch – es erfordert mehr Weitsicht und ein größeres Verantwortungsgefühl, als abhängig Beschäftigte, also Beamte, Angestellte und Arbeiter, es aufbringen müssen.

Nachteile:

▸ Selbstständige haben – geschäftlichen Erfolg vorausgesetzt – größere Chancen darauf, viel Geld zu verdienen, aber auch ein viel größeres Risiko, während einer Flaute schnell in existenzielle Schwierigkeiten zu geraten, weil es fast keine soziale Absicherung gibt.

▸ Sie müssen sich nicht nur selbst krankenversichern, ohne dass der Arbeitgeber einen Teil der Beträge übernimmt, sondern sie haben im Ernstfall auch keinen Anspruch auf Lohnfortzahlung oder Krankengeld, falls sie dafür nicht eine (teure) Zusatzversicherung abgeschlossen haben.

▸ Auch die gesetzliche Rentenkasse ist für Selbstständige bis auf wenige Ausnahmen unzugänglich – sie haben im Alter nur das, was sie selbst beiseitegelegt haben.

▸ Eine Arbeitslosenversicherung für Selbstständige gibt es ebenfalls nicht – ist die Auftragslage schlecht, müssen sofort die Rücklagen angegriffen werden.

Selbstständige sollten einige Dinge besonders im Auge behalten:

1) Die saubere Trennung zwischen geschäftlichen und privaten Finanzen muss stets gewährleistet sein. Wer munter alle kurzfristigen Überschüsse aus der Kasse entnimmt und dem privaten Etat zuführt, wird sich schnell wundern, wenn größere betriebliche Zahlungen anstehen, etwa für Materiallieferungen, für Steuern oder für die Gehälter und Sozialbeiträge der Mitarbeiter. Mancher versäumt es auch, den Überschuss bei der Mehrwertsteuer zurückzulegen, den man ans Finanzamt weiterleiten muss.

2) Auch die privaten Finanzen müssen vorausschauend geführt werden, da viel mehr hohe Einmalzahlungen zu leisten sind als bei abhängig Beschäftigten – etwa für die private Vorsorge. Häufig verlangt das Finanzamt – auf der Basis der Vorjahreserträge – quartalsweise Vorauszahlungen, also Gelder, die noch gar nicht eingenommen sind. Trotzdem kann der endgültige Steuerbescheid böse Überraschungen bergen – je nach aktueller Ertragslage eine saftige Nachzahlung im vier-, fünf- oder gar sechsstelligen Bereich. Auch für andere Posten wie die Steuerberatung, Innungsbeiträge und Gebühren müssen stets Rücklagen gebildet werden.

3) Weit verbreitet ist die Vorstellung vieler frischgebackener Selbstständiger, ein Unternehmer könne und müsse – unabhängig vom Geschäftserfolg – stets einen großzügigen Lebensstil pflegen. Die Versuchung, auf großem Fuß zu leben, wird noch gefördert durch Bankkredite zur Existenzgründung. Die anfangs eindrucksvollen Guthaben auf dem Girokonto werden von leichtsinnigen Kandidaten manchmal kurzerhand für den privaten Konsum zweckentfremdet.

Die »Raus aus den Schulden«-Sendung, die wir auf Seite 114 als Fallbeispiel schildern, hat eindrucksvoll gezeigt, wohin das führen kann. Viele Selbstständige mit kleineren oder mittleren Betrieben verdienen über Jahre hinweg oder auch dauerhaft schlechter als ein normaler Angestellter – da sind ein Eigenheim und der Zweitwagen ebenso wenig drin wie ein vierwöchiger Urlaub auf den Seychellen.

Einschneidende Veränderungen

Auch wer seine täglichen Finanzen gut im Griff hat, kann schnell an seine Grenzen stoßen, wenn große Projekte wie ein Hauskauf anstehen oder es zu ungeplanten einschneidenden Veränderungen kommt (z. B. Scheidung, Krankheit oder Tod eines Angehörigen).

Das eigene Haus

Das finanziell größte und folgenreichste Vorhaben im Leben einer Familie ist sicherlich der Bau oder Kauf eines Eigenheims. Wer dies plant, wird sich klugerweise mit Fachliteratur eindecken, Fachleute konsultieren (z. B. bei den Verbraucherzentralen), Bekannte und Verwandte nach ihren Erfahrungen fragen und vor allem: nichts überstürzen. Deshalb hier nur drei grundsätzliche Anmerkungen zu den Voraussetzungen:

1) Mit einer Hausfinanzierung bindet sich die Familie für viele Jahre. Der Lebensstandard ist in der Regel für lange Zeit niedriger als der, den man als Mieter hatte. Eine Immobilienfinanzierung ist ein Verzicht auf sofortigen Genuss zugunsten der Altersversorgung und der Erben. Wer ein Anhänger des Prinzips »Ich lebe schließlich jetzt!« ist, sollte die Finger von einem Haus lassen.

2) Entscheidend ist eine möglichst sichere Einkommenssituation: Möglichst zwei Gehälter, die krisenfest und voneinander unab-

hängig sind (wenn beide Ehepartner in derselben Firma arbeiten, deren Zukunft eher ungewiss ist, ist das keine so gute Voraussetzung).

3) Ein weiterer wichtiger Punkt ist das Eigenkapital: Ob durch Erbe oder eigene Sparleistung – ein möglichst großer Teil des Anschaffungspreises sollte beim Kauf bereits vorhanden sein. Manche Banken finanzieren zwar mittlerweile auch ein Haus ohne jedes Eigenkapital – aber die Zinsbelastung verhindert dann in der Regel, dass man jemals zum Tilgen kommt. Deshalb: Mindestens 25, besser 40 bis 50 Prozent sollten schon da sein.

Anschaffungen und Projekte

Was für den Hausbau oder Hauskauf gilt, lässt sich in kleinerem Maßstab auch auf etwas kleinere Anschaffungen und Ereignisse wie etwa ein neues Auto, einen Traumurlaub, den Umbau des Hauses oder einen Umzug übertragen – und es gilt ebenso für große Familienereignisse wie zum Beispiel Taufe, Konfirmation oder Hochzeit. Was ausgegeben werden soll, muss wenigstens teilweise schon angespart sein. Wer das Ganze auf Kredit finanziert, braucht ein sicheres Einkommen und muss bereit sein, seinen Lebensstil einzuschränken, bis die Schulden abbezahlt sind.

Der Vorteil solcher Anschaffungen und Ereignisse besteht darin, dass sie in der Regel *planbar* sind – und dass es um die Erfüllung persönlicher Wünsche und Träume geht. Das steigert die Motivation, die damit verbundenen Einschränkungen zu verschmerzen.

Schicksalsschläge

Nicht planbar hingegen sind Einschnitte wie Verlust des Arbeitsplatzes, Scheidung, Krankheit oder Tod eines Familienmitglieds. Solche Ereignisse brechen meist überraschend und mit schrecklicher

Wucht über die Betroffenen herein – und bedeuten in der Regel großen seelischen Schmerz und eine starke persönliche Belastung. Oft sind die finanziellen Folgen eines solchen Schicksalsschlags enorm und überfordern die Menschen. Deshalb ist es so wichtig, seine Finanzen immer im Griff zu haben.

Mit welchen finanziellen Folgen müssen die Betroffenen rechnen? Eine Scheidung verwandelt einen Familienhaushalt in zwei Single-Haushalte, einen davon gegebenenfalls in einen Alleinerziehenden-Haushalt. Was das bedeutet, ist ab Seite 85 nachzulesen. Dasselbe gilt für das Schicksal der Arbeitslosigkeit. Schwere Krankheit und Tod in der Familie bedeuten wirtschaftlich in der Regel den Wegfall oder die Verminderung eines Einkommens – des Kranken oder Verstorbenen selbst oder des Familienmitglieds, das die Pflege übernimmt.

Was man in solchen Situationen des Schmerzes und der Lähmung leisten muss, ist eigentlich unmöglich: so schnell wie möglich handeln und die Lebensverhältnisse auf die neue Situation einstellen.

Das bedeutet zum Beispiel:

- ▸ eine kleinere Wohnung finden und beziehen
- ▸ das Auto abschaffen
- ▸ den Lebensstandard deutlich herunterfahren
- ▸ alle Kosten (z. B. Versicherungen, Sparpläne) einsparen, die nicht unbedingt notwendig sind.

Sonst wird aus dem persönlichen Leid ganz schnell zusätzlich eine wirtschaftliche Katastrophe.

Die Psychologie des Haushaltens

Um die Finanzen in den Griff zu bekommen, müssen alle im Haushalt lebenden Personen ihr Verhalten umstellen, sprich: sich einen systematischeren Umgang mit Geld angewöhnen. Das geht nicht von heute auf morgen – und es klappt nur, wenn alle mitmachen und alle es wollen. Jeder sollte verstehen, worum es geht und warum beispielsweise das Führen eines Haushaltsbuchs notwendig ist.

Wenn, aus gegebenem Anlass, bei Ihnen zu Hause das Thema Finanzen auf den Tisch kommt und bestimmte Änderungen geplant werden, müssen zunächst einige psychologische Schwellen überwunden werden.

- ▸ Da ist zum einen die Scheu vor dem Zeit- und Nervenaufwand: Jeden Abend (oder auch: jeden Samstag) müssen alle Belege zusammengetragen werden, man muss sich erinnern, wo das Geld geblieben ist, es gibt Erinnerungslücken, Diskussionen, Konfusion – das kann schon mal für schlechte Stimmung sorgen. Aber: Bleiben Sie dran!

- ▸ Zum anderen müssen Sie den Realitäten ins Auge schauen. Wenn man ein Haushaltsbuch führt, sieht man bald schwarz auf weiß, wie das Verhältnis von Ausgaben und Einnahmen wirklich ist und wo das schöne Geld jeden Monat bleibt. Das kann weh-

tun – auch weil sich die Konsequenzen dann deutlicher auf-
drängen als vorher: Das mit den Zigaretten wird einfach zu
teuer. Den Sommerurlaub müssen wir auf zwei Wochen verkür-
zen. Muss es wirklich wieder ein BMW sein, wenn der alte aus-
rangiert wird? Lassen Sie sich davon nicht abschrecken!

▶ Meist geht die Initiative zu einem veränderten Verhalten vom
Partner oder einem Familienmitglied aus, das die anderen
mitziehen will. Dabei sind Toleranz, Fingerspitzengefühl und
behutsames Vorgehen gefragt. Wer sich zum Finanzminister
aufschwingt, muss sich klarmachen, dass er im Glashaus sitzt.
Wer den anderen die Lieblingsschokolade streichen will, muss
automatisch mit Widerstand rechnen – und auch damit, dass
man ihm seine Computerzeitschrift vorhält. Wenn es erst einmal
so weit kommt, sind gemeinsame Sparziele nur schwer zu errei-
chen. Erkennen Sie solche Tendenzen rechzeitig und steuern Sie
gegen!

Tipp Um Ihr Vorhaben erfolgreich zu machen, sollten Sie in Ihrem Haushalt ein Gemeinschaftsgefühl schaffen. Bevor einer die anderen
zu erziehen versucht, sollten sich alle einbezogen fühlen. Wenn
alle motiviert sind, Sparvorschläge zu machen – und wenn jeder
ein (bezahlbares) »Laster« weiterpflegen darf –, sind die Erfolgs-
chancen viel größer.

Was kann ich mir leisten?
Und ab wann lebe ich über meine
Verhältnisse?

Um sich einen Überblick über die eigenen Finanzen zu verschaffen und Einsparmöglichkeiten zu entdecken, ist es sinnvoll, Vergleiche anzustellen. Fragen Sie sich zum Beispiel:

▸ Zahle ich mehr Miete als der Durchschnitt in meiner Einkommensgruppe?
▸ Sind Handy- und Internetkosten von 140 Euro pro Monat bei meinem Gehalt noch akzeptabel?
▸ Gebe ich zu viel Geld für das Essen außer Haus aus?

Diese und ähnliche Fragen kann man nicht ausreichend beantworten, wenn man nur auf die eigene Haushaltsrechnung schaut. Deshalb sind auf Seite 99 die durchschnittlichen Ausgaben deutscher Haushalte für die wichtigsten Lebens- und Konsumbereiche aufgeführt. Damit das vergleichende Betrachten der eigenen Situation leichter wird, gibt es eine weitere Tabelle (S. 98), in der Sie nachschauen können, wie viel ein vom Einkommen her mit dem eigenen vergleichbarer Haushalt durchschnittlich für die einzelnen Konsumbereiche ausgibt.

Selbstverständlich handelt es sich bei den folgenden Angaben nicht um starre Regeln, sondern um Anhaltspunkte zur Orientierung

Wie viel ein Haushalt für einen bestimmten Lebensbereich ausgibt und ausgeben kann, hängt natürlich stark vom Einkommen ab. Klar ist: Jeder Mensch braucht Nahrung und ein Dach über dem Kopf. Die Posten »Essen und Trinken« und »Wohnen« fallen also in allen Haushalten an. Und wer wenig Geld hat, muss an den anderen Dingen wie Mobilität, Urlaub, Freizeit und Kultur sparen. Am deutlichsten wird das bei den Nahrungsmitteln – ein Arbeitslosenhaushalt gibt dafür 12,3 Prozent des verfügbaren Einkommens aus, ein Arbeitnehmerhaushalt nur 7,6 Prozent. »Mehr Geld« heißt eben nicht automatisch »mehr essen«, sondern eher »mehr Urlaub«. Auch der Posten »Wohnen und Energie« macht in einem durchschnittlichen Haushalt nur knapp 25 Prozent des verfügbaren Einkommens aus, in einem Haushalt mit sehr niedrigem Einkommen dagegen über 45 Prozent.

und Selbsteinschätzung. Aber wer mit seinem Geld nicht hinkommt und anhand der Tabellen feststellt, dass er sich eine viel teurere Wohnung leistet, als er es eigentlich könnte, sollte sich überlegen, welche Prioritäten er setzt: Eine günstigere Wohnung suchen oder lieber die große, ruhige Wohnung behalten und dafür in anderen Lebensbereichen sparsamer leben als die anderen – das heißt zum Beispiel, auf Restaurantbesuche oder auf das große Auto oder auf das Zweit- und Dritthandy zu verzichten?

Das Statistische Bundesamt hat die Ausgaben deutscher Haushalte (Stand: 2005) untersucht.*

Der deutsche Durchschnittshaushalt hat ein verfügbares Monatseinkommen von 2.816 Euro.

Davon entfallen – in Euro und prozentual – auf die wichtigsten Ausgabenbereiche:

---

* Statistisches Bundesamt: Wirtschaftsrechnungen: Einnahmen und Ausgaben privater Haushalte (Fachserie 15 LWR 2005, Reihe 1), Wiesbaden 2005. Die Ausgaben sind hier allerdings auf das »ausgabefähige Einkommen« bezogen; zudem wurden einige Posten anders gruppiert als im Original, deshalb weichen die Prozentangaben davon ab.

Ausgabenbereich	Genauere Beschreibung	Anteil am Nettoeinkommen von 2.816 €
Essen und Trinken	Nahrungsmittel, alkoholfreie Getränke (nur zu Hause; ohne Gastronomie, Kantine etc.)	231 (= 8,2 %)
Wohnen	Miete / Hauskosten, Energie, Instandhaltung	662 (= 23,5 %)
Gesundheit	Körperpflege, Kosmetik, Rezept- und Praxisgebühren, Fitness, Wellness	124 (= 4,4 %)
Kleidung und Schuhe		95 (= 3,3 %)
Versicherungen		120 (= 4,3 %)
Hausrat	Möbel, Geräte, Einrichtung, Besteck/Geschirr etc.	125 (= 4,4 %)
Verkehr	Auto, Bahn + Bus	270 (= 9,6 %)
Kommunikation	Telefon, Handy, Internet. Fernsehen, Radio	72 (= 2,5 %)
Hobbys	Freizeit, Unterhaltung und Kultur, Haustiere, Garten, Lesen etc.	164 (= 5,8 %)
Essen und Schlafen außer Haus	Pauschalurlaub, Hotel, Restaurant, Kneipe, Kantine, Cafeteria, Imbiss etc.	165 (= 5,9 %)

(Der Rest verteilt sich auf diverse kleinere Posten sowie die großen Bereiche »Sparen« und »Kreditraten«.)

Anhand der folgenden Tabelle können Sie feststellen, wo Sie im Vergleich zum deutschen Otto Normalverbraucher stehen.

Sie müssen nur Ihr **verfügbares Einkommen** – also das, was Sie jeden Monat auf dem Konto haben – und Ihre Werte für die einzelnen Posten kennen. Manche davon (wie die Ausgaben für Lebensmittel) müssen Sie eventuell erst anhand des Haushaltsbuchs errechnen, andere (wie die Miete) finden Sie hoffentlich auf einen Blick.

Was kann ich mir leisten?

Die Haushalte wurden in 4 Einkommensgruppen eingeteilt

- ▶ Gruppe 1: Unter 1.300 Euro
- ▶ Gruppe 2: 1.300 bis 2.600 Euro
- ▶ Gruppe 3: 2.600 bis 3.600 Euro
- ▶ Gruppe 4: 3.600 bis 5.000 Euro

Die Unterteilung der Ausgaben nach dem durchschnittlichen monatlichen Nettoeinkommen der Haushalte

Haushalts-einkommen (netto) ▶ Ausgaben-bereich ▼	Gruppe 1 (im Schnitt 936 € mtl.)	Gruppe 2 (im Schnitt 1.950 € mtl.)	Gruppe 3 (im Schnitt 3.127 € mtl.)	Gruppe 4 (im Schnitt 4.250 € mtl.)
Essen und Trinken	125 € (= 13,3 %)	198 € (= 10,1 %)	271 € (= 8,7 %)	310 € (= 7,3 %)
Wohnen	422 € (= 45,1 %)	581 € (= 29,8 %)	730 € (= 23,3 %)	868 € (= 20,4 %)
Gesundheit	47 € (= 5,0 %)	86 € (= 4,4 %)	133 € (= 4,2 %)	173 € (= 4,1 %)
Kleidung und Schuhe	34 € (= 3,6 %)	69 € (= 3,5 %)	107 € (= 3,4 %)	146 € (= 3,4 %)
Versicherun-gen	31 € (= 3,3 %)	76 € (= 3,9 %)	137 € (= 4,4 %)	191 € (= 4,5 %)
Hausrat	43 € (= 4,6 %)	89 € (= 4,6 %)	131 € (= 4,2 %)	194 € (= 4,6 %)
Verkehr	83 € (= 8,9 %)	204 € (= 10,4 %)	332 € (= 10,6 %)	415 € (= 9,8 %)
Kommunika-tion	46 € (= 4,9 %)	62 € (= 3,2 %)	80 € (= 2,6 %)	88 € (= 2,1 %)
Hobbys	66 € (= 7,0 %)	131 € (= 6,7 %)	196 € (= 6,2 %)	229 € (= 5,4 %)
Essen und Schlafen außer Haus	54 € (= 5,8 %)	119 € (= 6,1 %)	197 € (= 6,3 %)	244 € (= 5,7 %)
Sonstiges*	minus 20 €**	335 € (= 17,2 %)	813 € (= 26,0 %)	1.392 € (= 32,7 %)

* Unter anderem wird hier deutlich, wie unterschiedlich die Möglichkeiten sind, Geld für Anschaffungen oder fürs Alter zurückzulegen.
** Haushalte mit so geringem Einkommen sind also fast schon zwangsläufig auf dem Weg in die Schuldenfalle.

Wie ging nochmal Prozentrechnung?

Stehen Sie auch gerade auf dem Schlauch und wissen nicht, wie
Sie ausrechnen können, welcher Prozentsatz Ihres Einkommens für
die Miete draufgeht?

Ganz einfach: Sie hängen an die kleinere Zahl (die Miete)
zwei Nullen dran und teilen das Ergebnis dann durch die größere
Zahl (das Einkommen).

Ein Beispiel

Ihr verfügbares Einkommen   = 2.235,52 €

Ihre Kosten für Miete + Energie   =   712,00 €

Ihre Warmmiete frisst also $\frac{71200}{2235}$ = 31,8 Prozent Ihres
Einkommens auf.

Fall 1: Ein Finanzierungsplan wie eine Seifenblase
(Sendung vom 10. Januar 2007)

Die Kombination aus fehlerhafter Einschätzung der eigenen Finanz-kraft, mangelnder Haushaltsdisziplin und der Arbeits- und Tatenlosig-keit des Mannes beendet den Traum vom eigenen Haus.

Die Familie
Dieter (34), Gabi (36), Carla (18), Kai (15) Schaumberg aus Geln-hausen (Hessen).

Gabi ist verbeamtete Postbotin und fährt jeden Tag mehr als 150 Kilometer, um in Frankfurt Post auszutragen; Dieter ist arbeitslos; die beiden Kinder, die aus Gabis erster Ehe stammen, gehen zur Schule.

Die Situation
Die Familie hat für den Kauf eines Hauses (Preis: 170.000 Euro) ei-nen Kredit von 288.000 Euro aufgenommen, um auch die Renovie-rung des Hauses zu finanzieren.

Kurz danach wird Dieter arbeitslos, unter anderem wegen einer Vorstrafe (Autodiebstahl). Seither ist er nicht einmal mehr kranken-versichert. Arbeitslosenunterstützung erhält er nicht, da Gabis Einkommen zu hoch ist. Gabis Ex-Mann zahlt zudem keinen Unterhalt für die beiden Kinder.

Dieter ist in dieser Situation keine große Stütze – weder unternimmt er ernsthafte Anstrengungen, um einen neuen Job zu finden, noch baut er am halbfertigen Haus weiter. Dafür leistet er sich zwei Handys und ist alles andere als kritikfähig.

Die Familie ist von tiefer Resignation ergriffen. Die Bankraten zahlen die Schaumbergs seit längerem nicht mehr. Mit dem Wegfall von Dieters Einkommen ist die Finanzkonstruktion sofort zusammengebrochen.

Dieter hat der Bank zudem diverse Altschulden verschwiegen:

▸ Die Unterhaltsverpflichtung für den zehnjährigen Sohn aus erster Ehe; er zahlte nicht mal, als er noch einen Job hatte.
▸ Eine Geldstrafe wegen Diebstahls und Hehlerei
▸ Anwaltskosten
▸ Der Bankkredit wurde auch nicht für die Renovierung, sondern anderweitig verwendet, beispielsweise zum Bedienen von Altschulden für den Kauf eines Autos.
▸ Der Gerichtsvollzieher ist regelmäßiger Gast im Haus; bei Dieter läuft es auf den Offenbarungseid hinaus.

Es wurden alle denkbaren Fehler gemacht: Die Schaumbergs haben sich von Anfang an übernommen, sie haben keinen Überblick über die eigenen Ausgaben, sie haben die Bank belogen, das Hausgeld wurde anderweitig ausgegeben, Dieter hat sich keine neue Arbeit gesucht, und die Familie hat es versäumt, rechtzeitig die Notbremse zu ziehen, sprich: wegen der Raten mit der Bank zu sprechen und zu erkennen, dass das Haus nicht zu halten ist.

Der Kassensturz

Die *Schulden* der Familie betragen nach deren eigener Schätzung 310.000 Euro (Dieter) beziehungsweise 335.000 Euro. Tatsächlich sind es aber:

349.300 Euro

(u. a.: Bankkredit 288.000 Euro; Handwerker 7.800 Euro; Unterhalt 6.300 Euro; Anwalt (Scheidung und Strafverfahren) 5.000 Euro; Geldstrafe 2.500 Euro; Dispokredit 1.800 Euro)

Das monatliche *Nettoeinkommen* der Familie beträgt

2.511 Euro

Im Einzelnen: Gabis Nettoeinkommen 2.203 Euro; Kindergeld 308 Euro

Die monatlichen *Ausgaben* betragen aber:

3.372 Euro

Im Einzelnen sind das: Bankraten 1.450 Euro; Lebensunterhalt 600 Euro; Benzin 350 Euro; Telefon + Handy 257 Euro; Gas + Strom 237 Euro; Diverses (Versicherungen, Zigaretten, Dispozinsen, GEZ etc.) 478 Euro

Die Familie Schaumburg macht also, wenn sie die Bankraten bezahlt, jeden Monat **861 Euro** minus! Die Verschuldung steigt so pro Jahr um über 10.000 Euro.

Die Lösungsansätze ...

▸ Das Haus ist nicht zu halten. Es muss verkauft werden, wobei unklar ist, wie viel für die »bewohnte Baustelle« erzielt werden kann.

▸ Die Familie muss ausziehen und sich eine neue Wohnung für maximal 800 Euro warm in der Nähe von Gabis Arbeitsort suchen, um so erhebliche Benzinkosten zu sparen. Für die Umzugskosten müssen (erneut) die Eltern angepumpt werden.

▸ Dieter muss sich endlich eine Arbeitsstelle suchen, um mit seinem Einkommen den Familienetat zu stabilisieren.

▸ Gleichzeitig muss die Familie ab sofort strengste Ausgabendisziplin walten lassen und alle überflüssigen Ausgaben wie zum Beispiel Handys und Zigaretten weglassen.

▸ Da der Schuldenberg gegenüber der Bank niemals abzutragen

sein wird, geht Gabi mithilfe von Peter Zwegat, dem Schuldnerberater aus »Raus aus den Schulden«, mit ihrem Anteil der
gemeinsamen Bankschulden in die Privatinsolvenz. Damit sie
abgesichert ist gegen Risiken, die nur ihr Mann zu verantworten
hat, wird sie zudem von der Unterhaltsverpflichtung für ihren
Mann notariell freigestellt.

▶ Bei Dieter ist der Weg in die Privatinsolvenz verstellt durch die
Altschulden – es muss seine Schulden in den kommenden Jahren komplett abzubauen versuchen.

... und was daraus wird

Die Familie zieht in eine günstige 4-Zimmer-Wohnung in der Nähe
von Frankfurt um.

Dieter findet tatsächlich einen Job. Gabi geht in die Privatinsolvenz und hat die Perspektive, nach sechs harten Jahren ohne finanzielle Selbstbestimmung schuldenfrei zu sein. Der Anfang des Weges
»Raus aus den Schulden« ist gemacht.

Die Lehren aus diesem Fall

▶ Ehrlichkeit und Redlichkeit gegenüber sich und anderen ist bei
der Planung eines Hauskaufs dringend erforderlich.

▶ Eine Hausfinanzierung darf nicht »auf Kante genäht sein«, sondern muss immer noch Reserven für unvorhergesehene Fälle
enthalten.

▶ Auch Banken handeln manchmal verantwortungslos. Nicht
jeder Kredit, den sie bewilligen, ist realistisch.

▶ Stets nur so viel Kredit aufnehmen wie unbedingt erforderlich
ist – und wie durch den Wert des Hauses im Notfall abgedeckt
ist. Überhöhte Darlehen verführen zum Verkonsumieren des
Geldes.

▶ Rechtzeitig mit der Bank zu reden wäre besser gewesen!

Eine Familie, die finanziell eigentlich klarkommen müsste, aber massiv über ihre Verhältnisse lebt, beharrt auf ihrer falschen Selbsteinschätzung. Insbesondere die Mutter weigert sich, Hilfe anzunehmen.

Die Familie

Christoph (36), Andrea (36), Kevin (12) und Claudio (6) König aus Leverkusen.

Vater Christoph ist Kraftfahrer, Mutter Andrea ist Hausfrau. Kevin und Claudio gehen zur Schule.

Die Situation

Eigentlich ist bei Familie König keines der großen Probleme im Spiel, die normalerweise die Gefahr der Überschuldung bergen, also eine Hausfinanzierung, Arbeitslosigkeit, Krankheit oder Scheidung. Die Familie pflegt lediglich – auf Pump – einen Lebensstil, der nicht zu einem Haushalt mit nur einem (Kraftfahrer-)Einkommen von netto 1.900 Euro passt.

Die Königs leben zu einer hohen Miete in einem guten Viertel, haben einen Garten, eine teure Einbauküche, zwei Autos (darunter einen gut ausgestatteten Audi A 6), 4 Spielkonsolen, 3 Fernseher, 2 Computer, 3 Handys, diverse Haustiere, sie leisten sich Mitgliedschaften in 3 Sportvereinen, Kreuzfahrten und andere Urlaube und überhäufen ihre Söhne mit Geschenken.

Um diesen Lebensstil zu finanzieren, haben die Königs in 11 Jahren 8 Konsumentenkredite für insgesamt mehr als 50.000 Euro aufgenommen – gerne auch, bevor der vorige abbezahlt war. Hinzu kommen private Darlehen der Eltern. Der Dispokredit ist ausgeschöpft; dieser Punkt ist immer früher im Monat erreicht. Andreas Zähne müssten für 1.000 Euro überkront werden, aber das Geld ist nicht da. Öffentliche Zuschüsse sind angesichts von Christophs Gehalt nicht drin.

Der Kassensturz

Die *Schulden* der Familie König betragen momentan »nur«

14.000 Euro

Das monatliche *Nettoeinkommen* der Familie beträgt:

2.208 Euro

Im Einzelnen: Christophs Nettoeinkommen 1.900 Euro; Kindergeld 308 Euro

Die monatlichen *Ausgaben* betragen aber:

3.372 Euro

Im Einzelnen sind das: Miete 770 Euro; Lebenshaltung 750 Euro; Kreditraten 450 Euro Gas + Strom 160 Euro; Handys 100 Euro; Diverses (Kindergarten, Versicherungen, Zigaretten, Dispozinsen, Benzin etc.) 1.132 Euro

Die Familie König macht also jeden Monat über 1.000 Euro Miese! Die Verschuldung steigt so pro Jahr um über 12.000 Euro.
Der Weg in die Schuldenfalle ist mithin vorprogrammiert.

Die Lösungsansätze ...

▸ Der Haushalt ist nicht ohne ein zweites Einkommen zu sanieren. Peter Zwegat besorgt Andrea trotz deren schlechter Zeugnisse gleich zwei konkrete und lukrative Jobangebote.
▸ Christoph soll durch Überstunden Geld hinzuverdienen.
▸ Gleichzeitig rät Peter Zwegat der Familie dringend zu mehr Sparsamkeit und Verzicht, also zunächst zu einem Umzug in eine billigere Wohnung, die auch näher am Arbeitsplatz ist.
▸ Der Fuhrpark muss reduziert werden. Eines der beiden Autos soll verkauft und der Audi A6 gegen ein kleineres Fahrzeug getauscht werden.
▸ Auch die Kosten für Vereine, Tiere und Versicherungen müssten und könnten reduziert werden.
▸ Außerdem findet sich eine Zahnärztin, die Andreas Zähne ohne teure Kronen behandeln würde.

... und was daraus wird

Die Familie erkennt zwar ihre finanzielle Lage, ist aber nicht bereit, Konsequenzen daraus zu ziehen. Insbesondere Andrea verweigert sich selbstbewusst (und ignorant) der Realität und den Ratschlägen von Schuldnerberater Peter Zwegat. Sie macht die Gesellschaft und den Staat für ihre schwierige Lage verantwortlich und beharrt auf dem hohen Lebensstandard der Familie. Sie möchte nichts an ihrem bequemen Leben ohne Berufstätigkeit und im Wohlstand ändern. Ihr Argument gegen einen bescheideneren Lebensstil ist unter anderem die Angst vor dem sozialen Abstieg, wenn ihre Söhne eine Schule in einem einfacheren Viertel besuchen müssen.

Peter Zwegat redet mit Engelszungen auf die Königs ein, um ihnen den Ernst der Lage klarzumachen – aber er erntet stets nur »Verharmlosen, Negieren, Schönreden«, weil »die Familie eine Schmuselösung sucht«.

Am Ende verdient Christoph zwar 250 Euro im Monat mehr und das kleinere Auto wird verkauft, sodass die laufenden Kosten und die monatlichen Raten für dessen Abzahlung wegfallen, aber noch immer ist der Etat alles andere als ausgeglichen: Wenn die Familie nicht ins Minus rutschen wollte, dürfte sie keinen Cent für die Lebenshaltung aufwenden. Sie könnte auch keinerlei Ratenzahlungen leisten, sodass kein Schuldenabbau stattfindet, sondern sich durch die Zinsen vielmehr immer höhere Schulden auftürmen.

Andrea verweigert es kategorisch, irgendeinen Beitrag zur Sanierung der Familienfinanzen zu leisten: Sie schlägt die beiden Stellenangebote aus, sie sträubt sich gegen die kostensparende Behandlung ihrer Zähne, und sie weigert sich standhaft, im Haushalt irgendwelche weiteren Kosten zu sparen.

Als Peter Zwegat sie auf die beiden Jobangebote anspricht, bricht sie das Gespräch und die Beratung durch ihn ab.

Die Lehren aus diesem Fall

▸ Der Lebensstil muss zum Einkommen passen – oder das Einkommen muss dem gewünschten Lebensstil angepasst werden.

▸ Die Erkenntnis, dass es so nicht weitergeht, genügt alleine nicht – man muss auch tatsächlich etwas verändern.

- Wenn man den Kopf in den Sand steckt und bis zum letzten Moment wartet, wird alles noch viel schlimmer.
- Ein Weg aus der Schuldenfalle ohne aktives Mitwirken der Schuldner ist unmöglich.

Fall 3: Schulden aus Liebe
(Sendung vom 2. Mai 2007)

Eine alleinerziehende Mutter gerät durch die Schuld eines Hochstaplers in die Schuldenspirale. Der eigentlich hoffnungslose Fall wird von Peter Zwegat verblüffend glatt gelöst.

Die Familie

Judith (35) und Marvin (10) Benecke aus Stuttgart. Judith ist Kundenberaterin bei einem Logistikunternehmen. Ihr Sohn Marvin geht zur Schule.

Die Situation

Judith Beneckes Freund Theo L. war ein Hochstapler: Er führt einen gekauften Doktortitel aus der Schweiz, war davor angeblich »Pilot bei der NATO« und Neurochirurg, bis er schließlich arbeitslos wurde, angeblich weil sein Arbeitgeber moralische Bedenken gegen ihn wegen seiner Scheidung hegte. Dann hatte er die Geschäftsidee, eine Suppenbar-Kette namens »Stop and Soup« zu eröffnen.

Seinetwegen und um seine Geschäftsidee zu unterstützen hat Judith Benecke die Ausbildung zur Heilpraktikerin abgebrochen (und ist dort 9.000 Euro Schulgeld schuldig geblieben). Und sie hat – mit ihm gemeinsam – als Privatperson für ein Existenzgründerdarlehen von 90.000 Euro zur Umsetzung seiner Idee gebürgt. Dies tat sie, weil sie eine faire Partnerin sein wollte – und erkannte zu spät, dass er ein unseriöser und rücksichtsloser Betrüger mit Geltungsbedürfnis war. So kaufte er einen BMW und mietete ein Luxusbüro für die Firma, steckte aber nichts in das Unternehmen selbst.

Fallbeispiele aus »Raus aus den Schulden«

Die Bank gab dem Paar das Darlehen übrigens, obwohl zu diesem Zeitpunkt beide arbeitslos waren.

Theo L. hat bereits zuvor zwei Firmen »in die Insolvenz geschickt« (und damit vielen Menschen geschadet) und ist mit seiner neuen Firma inzwischen ebenfalls pleite.

Die Alleinerziehende Judith Benecke muss deshalb alleine für die Schulden aufkommen. Sie steckt bereits tief in den Schulden, und die kleine Familie leidet unter sozialer Ausgrenzung. Der pfändbare Anteil ihres Gehalts ist gepfändet, ebenso alle pfändbaren Gegenstände in der Wohnung. Judith pumpt ihren Sohn regelmäßig um Benzingeld an, es bestehen viele kleine Außenstände, manchmal wird der Strom abgeschaltet, mit der Post kommen 2 bis 3 Mahnungen in der Woche. Judith hat seit Monaten keine Briefe geöffnet; sie hat mit der ungedeckten EC-Karte bezahlt (= Betrug), wofür ihr die Kontenpfändung droht. Das würde bedeuten, dass keine regelmäßigen Überweisungen mehr möglich wären, zum Beispiel für die Miete; der Arbeitgeber könnte das Gehalt nicht mehr überweisen und würde unangenehme Fragen stellen.

Der Kassensturz

Die *Schulden* von Judith betragen mittlerweile

187.000 Euro

Davon 160.000 Euro bei der Sparkasse. Das bedeutet eine monatliche Zinsbelastung von 1.000 Euro!

Das monatliche *Nettoeinkommen* der Familie beträgt

1.790 Euro

Im Einzelnen: Gehalt (nicht gepfändeter Anteil) 1.466 Euro; Unterhalt 170 Euro; Kindergeld 154 Euro

Die monatlichen *Ausgaben* betragen (ohne Bankraten):

1.552 Euro

(Miete, Energie, Telefon, Lebenshaltung)

Eigentlich wären also 238 Euro monatlich frei zum Abbau von Schulden.

Aber Judith kompensiert ihr schlechtes Gewissen gegenüber ihrem Sohn mit spontanen und teuren Freizeitaktivitäten wie Schwimmbad, Kino, Essengehen – und dann fehlt am Monatsende oft Geld. Von Zinszahlungen oder Tilgung gar nicht zu reden.

Die Lösungsansätze ...

▸ Judith Benecke muss als erste Maßnahme ein Haushaltsbuch führen.

▸ Der Schuldnerberater Peter Zwegat sucht das Gespräch mit dem Hochstapler Theo L., allerdings ohne Ergebnis, weil dieser total pleite ist.

▸ Dann verhandelt er mit der Gläubigerbank, die dem Paar so leichtsinnig ein Darlehen eingeräumt hat.

▸ Eigentlich sieht er als Ausweg nur die Privatinsolvenz, die massive Folgen für Judith und Marvin hätte: 7 weitere Jahre Gehaltspfändung, einen Schufa-Eintrag, Probleme bei Verträgen und so weiter.

... und was daraus wird

Die Bank ist sehr vergleichsbereit, da sie bei einer Privatinsolvenz fast nichts bekäme. Für einen Betrag von 10.000 Euro würde sie die Schulden von 160.000 Euro streichen.

Judiths Eltern leihen ihrer Tochter 15.000 Euro, damit sie mit Peter Zwegats Hilfe alle Schulden aus dem Weg schaffen kann. Sein Argument gegenüber den Gläubigern: Bei einer Privatinsolvenz bekommt ihr vermutlich gar nichts. Obwohl der Anwalt des zweitgrößten Gläubigers – der Klinik, an der Judith ihre Ausbildung begonnen hatte – über die Möglichkeiten des neuen Insolvenzrechts empört ist, erreicht Peter Zwegat, dass er die Forderung von 9.000 Euro gegen Zahlung von 1.000 Euro fallen lässt.

Damit ist die Privatinsolvenz vermieden und Judith Benecke weitgehend schuldenfrei.

Die Lehren aus diesem Fall

▸ Wenn es um Geld geht, hört die Freundschaft auf.

▸ Bevor man eine Bürgschaft unterschreibt, dreimal überlegen – auch und gerade bei Verwandten, Freunden und Lebenspartnern.

▸ Niemals mit der ungedeckten EC-Karte bezahlen! Die langfristigen Folgen sind schlimmer als der kurzfristige Nutzen. Lieber die Karte freiwillig abgeben beziehungsweise die Führung des Girokontos auf Guthabenbasis beantragen.

▸ Man sollte bei Problemen immer gleich das Gespräch mit der Bank suchen, bei der man den Kredit bekommen hat – am besten in Begleitung einer versierten Person mit sicherem Auftreten, wie zum Beispiel einem Rechtsanwalt oder einem Schuldnerberater.

Fall 4: Leben auf Kosten der Großeltern
(Sendung vom 9. Mai 2007)

Eine kinderreiche Patchwork-Familie wird von den Großeltern unterstützt; eine Privatinsolvenz der Tochter würde ihre Mutter in die Altersarmut stürzen.

Die Familie

Jasmin Lakitic (35) und Günter Weintal (36) aus Düsseldorf, mit Oliver (10), Christiane (8), Tabea (15), Oliver (12), Sara (10), Madeleine (5) und Mara (3).

Günter, früher selbstständig, ist LKW-Fahrer und hat zwei Kinder aus erster Ehe (Oliver und Christiane), die meist bei ihrer Mutter leben.

Jasmin ist Hausfrau, hat fünf Kinder von drei früheren Partnern und ist schwanger.

Die Situation

Die Familie hat Gesamtschulden von über 100.000 Euro; der Dispokredit ist ausgereizt, die EC-Karten sind gesperrt, der Haushalt funktioniert nur noch auf der Basis von Bargeld. Es ist keinerlei Vermögen vorhanden: das Auto hat nur Schrottwert, die Möbel ebenfalls.

Jasmin ist bei ihrer in Kiel lebenden Mutter (57) mit 31.000 Euro verschuldet; sie hat sich immer wieder bei ihr Geld geliehen, um Mietschulden, Kleidung, Weihnachtsgeschenke, Heizkosten und Essen zu bezahlen. Einen Ratenkredit fürs Familienauto und einen weiteren Kredit hat die Mutter selbst abgeschlossen; sie zahlt Raten von 300 Euro im Monat an Banken. Jasmin tilgt die Schulden bei ihrer Mutter nur sporadisch und in winzigen Raten; das Kindergeld, das sie ihrer Mutter als Tilgung versprochen hatte, behält sie doch lieber selbst. Die Mutter erwägt derzeit, ihre Rentenversicherung zu beleihen, um die Raten an die Bank bezahlen zu können. Sie ist selbst auf dem Weg in die Schuldenfalle und ahnt nicht, wie gefährlich eine Zahlungsunfähigkeit der Tochter für sie wäre: Altersarmut droht!

Die Familie wohnt nach dem Zwangsauszug aus dem bisherigen Haus übergangsweise bei Günters Eltern in Düsseldorf: Bis zu 11 Personen auf 90 Quadratmetern, bis zu 5 Kinder schlafen in einem Zimmer, Jasmin und Günter auf einem Luftbett im Wohnzimmer. Die Finanzen und die Nerven der Großeltern sind am Ende; Günters Mutter geht putzen, um etwas Geld beizusteuern.

Der Umzug, die Zwischenlagerung der Möbel und die Renovierung der neuen Wohnung kosten weiteres Geld, das geliehen wird. Jasmin und Günter haben zudem Schulden aus früheren Beziehungen (Mithaftung bei Krediten) und aus eigenen Konsumkrediten (Möbel, Strom etc.)

Der Kassensturz

Die *Schulden* der Familie betragen momentan

103.900 Euro

(Günter 54.800 Euro; Jasmin: 49.100 Euro)

Das monatliche *Nettoeinkommen* der Familie beträgt:

2.837 Euro

(Kindergeld, Unterhalt, Wohngeld und andere öffentliche Zuschüsse sowie der verbleibende Freibetrag von Axels Gehalt)

Die monatlichen *Ausgaben* betragen

2.703 Euro

Für die Tilgung von Schulden wären also eigentlich 134 Euro monatlich da, aber faktisch ist das Geld stets ausgegeben, und es fehlt zum Monatsende an allen Ecken und Enden.

Die Lösungsansätze ...

▸ Peter Zwegat verdonnert auch die Familie Lakitic/Weintal dazu, die Unterlagen zu sortieren und sich einen Überblick zu verschaffen.
▸ Die Familie muss ein Haushaltsbuch führen.
▸ Sie muss sich bei den Ausgaben sehr einschränken.
▸ Die Möbel für die neue Wohnung dürfen nur secondhand gekauft oder vom Sperrmüll geholt werden.
▸ Das Rauchen muss unterbleiben.

Es gibt ein zusätzliches Problem: Für Günter kommt eine Privatinsolvenz wegen der früheren Selbstständigkeit und der Anzahl der Gläubiger nicht in Frage. Und eine Privatinsolvenz von Jasmin würde für ihre Mutter fast den Verlust ihres gesamten Geldes bedeuten.

... und was daraus wird

Das »Armutsrisiko« bringt in diesem Fall eine tragbare Lösung: Das Erziehungsgeld für das kommende Kind, also 1 Jahr lang 300 Euro monatlich, geht direkt an Jasmins Mutter.

Erst danach führt Peter Zwegat Jasmin in die Privatinsolvenz.

Günter wird von Peter Zwegat für das normale Insolvenzverfahren so gecoacht, dass er es selbst machen kann (denn hierbei darf sich der Schuldner nicht von einem kostenlosen staatlichen Schuldnerberater begleiten lassen, sondern nur von einem teuren Rechtsanwalt).

Nach sechs Jahren werden beide schuldenfrei sein.

Die Lehren aus diesem Fall

▸ Ein Privat- oder Familiendarlehen, das man nicht zurückzahlen kann, schafft sehr viel mehr Leid beim Gläubiger als ein geplatzter Bankkredit.

▸ Denken Sie dreimal darüber nach, bevor Sie Familienangehörige oder Freunde zu »Geiseln« Ihrer Finanznöte machen.

▸ Schulden im Familien- und Freundeskreis sind Ehrenschulden. Wenn Sie nahestehenden Personen eine bestimmte Rückzahlung versprochen haben, müssen Sie sich auch daran halten.

Fall 5: Der Traum von der Selbstständigkeit
(Sendung vom 5. September 2007)

Ein Ehepaar hat zwei Bäckereien gekauft – und droht an überhöhten Bankraten und dem überzogenen eigenen Lebensstil zu scheitern.

Die Familie

Das Ehepaar Daniela (46) und Marwan (32) Khadiri aus Kassel. Danielas erwachsener Sohn aus erster Ehe ist Zeitsoldat und wohnt bei ihnen. Sonst keine Kinder.

Marwan hat einen Job, Daniela war früher Versicherungsagentin und ist nun selbstständig.

Die Situation

Die Khadiris haben sich vor zweieinhalb Jahren ihren Traum von der Selbstständigkeit erfüllt und – ohne jedes Eigenkapital – für 240.000 Euro zwei Discount-Bäckereien im knapp 200 Kilometer entfernten Minden gekauft. Aber die Bäckereien laufen miserabel und produzieren nur Verluste: Ein Laden wurde mittlerweile verpachtet, der andere macht monatlich bis zu 6.000 Euro Minus. Alle Maßnahmen zur Verbesserung der Lage wie beispielsweise Personalabbau sind verpufft. Mittlerweile hatte Marwan einen Nervenzusammenbruch und will nichts mehr von den Läden wissen. Und auch Daniela rafft sich nur noch einmal die Woche auf, dort nach dem Rechten zu sehen. Infolge dieser Vernachlässigung sinken die Umsätze und Erträge der Läden immer weiter – vermutlich auch wegen Diebstahls durch Angestellte. Beide Khadiris sind verzweifelt und resigniert.

Die Finanzierung der Bäckereien war extrem ehrgeizig: Der Kredit von 250.000 Euro sollte innerhalb von 5 Jahren abbezahlt werden, weshalb derzeit eine Bankrate von monatlich 8.000 Euro fällig ist. Als Sicherheit wurde – mangels Eigenkapital – Danielas geerbtes Elternhaus beliehen, in dem ihr arbeitsloser Bruder wohnt.

Die Khadiris leben trotz der schlechten Geschäftslage auf recht großem Fuß: Sie haben auf Kredit ein Haus und ein Auto gekauft, ein weiteres Auto ist geleast. Auch für andere Konsumausgaben haben sie Kredite aufgenommen. Verzichten ist für sie ein Fremdwort.

Die Khadiris haben nach eigenen Angaben »Schwierigkeiten, ihren Kontostand im Auge zu behalten.« Ihre diversen Dispokredite sind mit insgesamt 110.000 Euro im Minus, was bei 19 Prozent Überziehungszinsen eine jährliche Zinsbelastung von 20.000 Euro bedeutet.

Der Kassensturz

Die *Schulden* der Familie Khadiri betragen momentan

432.300 Euro

(Privat: 100.000 Euro Hypotheken; 82.800 Euro sonstige Schulden; Geschäftlich: 250.300 Euro)

Das monatliche *Nettoeinkommen* der Familie beträgt:

1.230 Euro

(Gehalt Marwan: 1.080 Euro; Kostgeld von Danielas Sohn 150 Euro; Gewinn aus Bäckereien: 0 Euro)

Die privaten monatlichen *Ausgaben* (ohne Dispozinsen!) betragen

4.317 Euro

(u. a. Versicherungen 1.118 Euro; Hausrate 800 Euro; umfangreiche Konsumausgaben)

Dazu kommen durchschnittlich 3.500 Euro Verlust aus den Bäckereien.

Das monatliche Minus des Privathaushalts beträgt also 3.087 Euro. Nimmt man die geschäftlichen Verluste dazu, sind es sogar 6.587 Euro – jeden Monat!

Die Lösungsansätze ...

Peter Zwegat macht Familie Khadiri schonungslos klar, dass sie nicht nur am Abgrund stehen, sondern bereits im freien Fall sind. Sie müssen sofort handeln:

- ▶ Die Familie muss ihren viel zu aufwendigen Lebensstil sofort und einschneidend ändern.
- ▶ Das Paar muss die Verantwortung für die Bäckereien umgehend wieder in die eigene Hand nehmen, sonst ist der finanzielle Untergang gewiss.
- ▶ Die Sanierung des Privathaushalts muss mit kleinen Dingen wie dem Abschaffen von Handys und dem Verzicht auf Zigaretten beginnen und darf auch vor größeren Posten wie einem Umzug und dem Verkauf eines der beiden Autos nicht Halt machen.

... und was daraus wird

Bei seinem ersten Besuch nach dem Kassensturz und der Gardinenpredigt muss Peter Zwegat feststellen, dass keine der vorgeschlagenen Maßnahmen umgesetzt wurde. Im Gegenteil: Die Situation hat sich nochmals verschlimmert, denn Marwan ist während der Probezeit gekündigt worden. Und Daniela verharrt in Schockstarre und kümmert sich weiterhin nicht um die Bäckereien.

So ist das einzige Einkommen mittlerweile das Kostgeld von Danielas Sohn: 150 Euro. Das Ehepaar lebt weiter im Wolkenkuckucksheim und steuert direkt auf die Insolvenz zu. Es droht der Verlust beider Häuser und damit auch die Existenzvernichtung für den arbeitslosen Bruder.

Erst ein weiterer Anlauf Peter Zwegats, der die Khadiris mit Strenge und Ermutigung zum Weitermachen motiviert, zeigt Wirkung: Das Auto wird verkauft (monatliche Ersparnis 400 Euro und 3.600 Euro Nettoerlös als eiserne Geldreserve); Daniela zieht nach Minden, um sich täglich vor Ort um die Bäckerei zu kümmern; das Haus wird vermietet; Marwan geht auf Jobsuche.

Nun ist die Basis dafür gelegt, dass Peter Zwegat mit der Bank spricht, die seinerzeit den unrealistischen Finanzierungsplan aufgelegt hat. Die Bank willigt ein, den Finanzierungsplan auf 10 Jahre zu strecken und die Raten auf 4.000 Euro zu halbieren. Außerdem wandelt sie den teuren Dispositionskredit in einen Konsumentenkredit mit 7 Prozent Verzinsung um und verzinst das Girokonto des Geschäftsbetriebs rückwirkend ebenfalls mit 7 statt mit 19 Prozent. Allerdings werden die Konten nur noch auf Guthabenbasis geführt, was Ausgabendisziplin erzwingt (und den Stress mit Gläubigern erhöhen wird, die bisher durch Kontoüberziehung ruhiggestellt wurden).

Bei Peter Zwegats letztem Besuch stehen die Zeichen auf Sanierung: Marwan hat wieder einen Job, und Daniela arbeitet täglich in der Bäckerei mit, wodurch sie Personalkosten spart und den durchschnittlichen Tagesumsatz bereits von 500 Euro auf 1.600 Euro gesteigert hat.

Die Lehren aus diesem Fall

▸ Die Vorstellung, wer selbstständig sei, könne sich einen überaus großzügigen Lebensstil leisten, ist verlockend, aber falsch. Gerade Selbstständige leben oft jahrelang auf bescheidenstem Niveau, bis der Kredit abbezahlt ist und die eigene Firma (hoffentlich) genügend Gewinn abwirft, damit man besser leben kann.

▸ Selbstständigkeit bedeutet Verantwortung. Wer seine Firma vernachlässigt, verhindert, dass sie die Erträge abwirft, die man braucht, um den Kredit abzulösen.

▸ Der Dispokredit, also das Überziehen des Girokontos, ist immer die allerschlechteste Art, eine Anschaffung oder überhöhten

Konsum zu finanzieren. Die enormen Zinsen zerstören jede Finanzplanung und vereiteln die Chance, das Geld jemals zurückzuzahlen.

▸ Banken handeln oft fahrlässig: Deshalb sollte man sich niemals auf eine zu ehrgeizige Finanzierung einlassen, auch wenn die Bank sie für machbar zu halten scheint und anbietet.

Fall 6: Der Schufa-Eintrag muss weg!
(Sendung vom 12. September 2007)

Eine alleinerziehende Mutter mit 6 Kindern leidet unter Schulden, die ihr Vater und ihre Ex-Partner zu verantworten haben – und findet wegen des Schufa-Eintrags keine neue Wohnung.

Die Familie
Carla Kendewig (36) aus Göttingen ist alleinerziehend. Sie hat sechs Kinder von vier verschiedenen Vätern; fünf der Kinder wohnen bei ihr: Mick (17), Denise (11), Jamie (9), Konstantin (7), David (5). Carla Kendewig ist Altenpflegerin.

Die Situation
Carla Kendewig ist eine durch und durch redliche, hart arbeitende Frau – das absolute Gegenteil des Klischees von der asozialen Vielfachmutter, die ihre Kinder verwahrlosen lässt und ihr Leben nicht im Griff hat. Sie stammt aus einer wohlhabenden Familie und ist vor allem durch eine Bürgschaft für ihren betrügerischen Vater und durch das Ausgabenverhalten ihrer Ex-Partner, aber auch durch eigene Versäumnisse (Mietschulden, Versandhausbestellungen etc.) in Not geraten. Insgesamt hat sie Schulden bei 33 Gläubigern, darunter bei Versandhäusern, Vermietern, Stromlieferanten, dem Sozialamt, aber auch bei 3 privaten Gläubigern.

Ihr Vater – der nach einem betrügerischen Konkurs offiziell am Existenzminimum lebt – hat auf ihren Namen eine Firma eröffnet,

Was ist ein Schufa-Eintrag?

Die Schufa (Schutzgemeinschaft für allgemeine Kreditsicherung) ist eine Datensammlung des deutschen Kredit-, Handels- und Dienstleistungsgewerbes. Über jeden Verbraucher, der in Deutschland einen Kredit aufnimmt oder ein Ratenkreditgeschäft abschließt, wird dort ein Eintrag angelegt. Insbesondere werden hier »Zahlungsstörungen« dokumentiert, also das verspätete oder ganz ausbleibende Bedienen von Zins- und Tilgungsraten, Offenbarungseide und Privatinsolvenzverfahren. Die Datenbank dient dem Schutz der Gläubiger vor »faulen Kunden«, die nicht kreditwürdig sind, aber sie erspart solventen Verbrauchern auch die Prüfung der Kreditwürdigkeit oder gar das Vorlegen von Bürgschaften in jedem Einzelfall.

Wichtig: Die Schufa-Datenbank kann fehlerhafte oder veraltete Angaben enthalten. Deshalb sollten Sie sich im Zweifelsfall – zum Preis von 7,50 Euro – eine **Eigenauskunft** besorgen, in der alle über Sie gespeicherten Daten aufgeführt sind. Darauf haben Sie jederzeit einen Rechtsanspruch. Sie können die Auskunft über *www.meineschufa.de* bestellen.

die schnell pleite geht, sodass die Bürgschaft seiner Tochter fällig wird. Trotz finanzieller Möglichkeiten weigert er sich, zu seiner Verantwortung zu stehen, und lässt seine Tochter hängen.

Auch die Väter der Kinder haben gehörigen Anteil an der Misere: Sie haben häufig die Kontovollmacht missbraucht, als sie mit Carla Kendewig zusammen waren, und persönliche Ausgaben auf ihren Namen und ihre Kosten getätigt. Und nun zahlen sie – bis auf einen – wegen angeblicher oder tatsächlicher Arbeitslosigkeit keinen Unterhalt. Einer von ihnen, den Peter Zwegat aufsucht, fährt einen Audi A 4 und hat ein Eigenheim, behauptet aber, er sei pleite.

Carla Kendewig lebt mit ihren Kindern und dem Hund der Familie in einer heruntergekommenen, baufälligen Zweieinhalb-Zimmer-Wohnung. Die Lebensmittel kauft sie für einen Tagespreis von 1 Euro (samstags 1,50) von der »Göttinger Tafel«, wohin Supermärkte Lebensmittel mit abgelaufenem Haltbarkeitsdatum spenden.

Sie würde gerne in eine bessere Wohnung ziehen, was aber nicht möglich ist, obwohl sie stets pünktlich ihre Miete zahlt und keine aktuellen Mietschulden hat: Einer der 33 Gläubiger hat seine Forderung von 1.300 Euro in das Schufa-Register eintragen lassen, in das alle Vermieter schauen, bevor sie einer Alleinerziehenden eine Wohnung vermieten.

Trotz eines 12- bis 14-Stunden-Tages mit Job und Haushalt hat Carla Kendewig ihre Finanzunterlagen bestens im Griff, führt ein Haushaltsbuch, bezahlt alle Rechnungen und stottert sogar in Kleinstraten ihre privaten Schulden ab. Sie ist sich bewusst, dass sie ihren Kindern ein beschämendes Leben zumutet (»Ich nehme meinen Kindern ihr Leben weg«).

Der Kassensturz

Die *Schulden* von Carla Kendewig betragen

31.268 Euro,

darunter immerhin 6.000 Euro bei Versandhäusern.

Das monatliche *Nettoeinkommen* der Familie beträgt:

2.402 Euro,

das ist das Existenzminimum einer 6-köpfigen Familie. Im Einzelnen: Carlas Nettoeinkommen 653 Euro; Kindergeld 999 Euro; Unterhalt 200 Euro; Sozialhilfe 550 Euro.

Die monatlichen *Ausgaben* betragen:

2.184 Euro,

darunter 160 Euro Schuldentilgung jeden Monat.

Der kleine Überschuss von 218 Euro, der theoretisch jeden Monat bleibt, versickert für unvorhergesehene Ausgaben, Zigaretten und Ähnliches.

Der Haushalt von Carla Kendewig ist also nicht strukturell überschuldet – es sind lediglich die Altschulden, die sie zu erdrücken und

Fallbeispiele aus »Raus aus den Schulden«

in die Privatinsolvenz zu treiben drohen. Zu durchgreifenden Schritten – wie zum Beispiel Gesprächen mit Gläubigern – fehlen ihr jedoch Zeit und Kraft. Sie verzettelt sich und braucht Hilfe von außen.

Die Lösungsansätze ...

▶ Zunächst spricht Peter Zwegat mit der Bank, die ihre alte Restforderung von 1.300 Euro bei der Schufa hat eintragen lassen und damit die Wohnungssuche der Familie blockiert.

▶ Außerdem muss die Wohnungssuche in Angriff genommen werden – auch ohne Schufa-Eintrag kein leichtes Unterfangen für eine alleinerziehende Mutter mit 5 Kindern und einem Hund.

▶ Außerdem hat Carla Kendewig ausgerechnet bei der Wohnungsbaugesellschaft in Göttingen alte Mietschulden, welche die einzige für sie passende und vom Sozialamt akzeptierte 5-Zimmer-Wohnung zu vergeben hat. Carla Kendewig ist bei ihrem zwischenzeitlichen Umzug in die USA zwei Monatsmieten schuldig geblieben und hat sich später nie mit der Gesellschaft in Verbindung gesetzt.

▶ Nun muss Peter Zwegat sich mit den restlichen Altschulden auseinandersetzen. Dafür braucht er zunächst etwa 5.000 Euro zum Arbeiten, sprich: zum Ablösen der Schulden. Seine Strategie: Die Drohung mit der Privatinsolvenz von Carla Kendewig, bei der die Gläubiger leer ausgingen, macht sie einem Vergleich gegenüber aufgeschlossen. Damit ist die Rückzahlung eines kleinen Teils der Schulden gegen Fallenlassen der restlichen Forderung gemeint.

... und was daraus wird

Die Bank verzichtet – in Anerkennung von Carla Kendewigs Bemühungen um Schuldentilgung – auf ihre Restforderung, sodass der Schufa-Eintrag gelöscht werden kann.

Die Wohnungsbaugesellschaft akzeptiert glücklicherweise ein Abstottern der Altschulden und gibt der Familie den Mietvertrag.

Peter Zwegat versucht vergeblich, bei Carlas Vater Geld zu beschaffen – der langjährige Familienkonflikt verhindert jedes Entgegenkommen. Schließlich leiht ein Freund Carla 5.000 Euro.

Ein Teil der Altschulden in Höhe von 5.000 Euro erweist sich zum Glück für Carla Kendewig als verjährt.

Der größte Gläubiger, ein Anzeigenblatt, in dem Carlas Vater Werbung für den Laden geschaltet hatte, findet sich damit ab, 750 Euro (statt der offenstehenden 5.000 Euro) zu bekommen.

Auch den anderen Gläubigern kann Peter Zwegat ihre Forderungen gegen einen Teilbetrag »abkaufen« beziehungsweise sie zu einem Verzicht bewegen, sodass die Privatinsolvenz abgewendet wird und die Familie wieder eine realistische finanzielle Perspektive hat.

Die privaten Schulden in Höhe von 13.000 Euro allerdings sind für Carla Kendewig Ehrenschulden, die sie komplett bezahlen will.

Die Lehren aus diesem Fall

▸ Wenn ein negativer Schufa-Eintrag vorliegt, erschwert dies alle Maßnahmen zum Schuldenabbau und zur Verbesserung des eigenen Lebens erheblich. Deshalb sollte man zunächst alle Energie auf den Gläubiger konzentrieren, der die Schufa eingeschaltet hat.

▸ Mietschulden bei einer Wohnungsbaugesellschaft können ein Hindernis bei der Wohnungssuche sein. Auch solche Schulden sollte man also vorrangig tilgen.

▸ Man sieht sich immer zweimal im Leben – auch wegen dieser alten Weisheit sollte man nie den Kopf in den Sand stecken, sondern immer Kontakt mit den Gläubigern aufnehmen und halten. Wenn die Gläubiger verstimmt sind, erschwert das die Sache unnötig.

▸ Versandhäuser sind Schuldenfallen schlechthin. Die Möglichkeit, »zur Ansicht« zu bestellen und die Ware eventuell zurückzuschicken, lenkt oft von dem Bewusstsein ab, dass man alles, was man behält, auch bezahlen muss.

Eine Frau und ihre Töchter drohen wegen der Spiel- und Alkoholsucht des Familienvaters in die Armut getrieben zu werden.

Die Familie

Susanne (41) und Stefan (44) Hagenow aus Celle sind seit 16 Jahren verheiratet und haben drei schulpflichtige Töchter: Charlotte (14), Lena (12) und Mascha (9).

Die Situation

Die Familie hat ein kreditfinanziertes, schmuckes Eigenheim. Stefan, gelernter Buchhalter, ist jedoch arbeitslos – was vor allem mit seiner Alkohol- und Spielsucht zusammenhängt. Er hat in der Vergangenheit bis zu 11.000 Euro in einem Monat verspielt. Er hat inzwischen einen Bankkredit, mit dem ein anderes Darlehen abgelöst werden sollte, sowie das Konfirmationsgeld seiner Tochter Charlotte verzockt. Wegen der ständigen Rückfälle und wegen seiner gewalttätigen Übergriffe hat die Familie ihn aus dem Haus verbannt; seine Töchter wollen ihn nicht sehen; die Ehe mit Susanne ist seit langem zerrüttet; die Scheidung steht an. Zu den Terminen mit Peter Zwegat erscheint er verspätet oder gar nicht.

Die gestörte Kommunikation zwischen den Eheleuten macht eine Lösung der Schuldenprobleme praktisch unmöglich. Die Kinder leiden sehr unter der Situation.

Susanne arbeitet Teilzeit in einer Fahrschule. Sie muss sich um alles kümmern und ist in eine dramatische Situation geraten, weil sie alle Verträge mit unterschrieben hat.

Die Familie kann die Bankraten seit Längerem nicht mehr bezahlen; der Gerichtsvollzieher geht ein und aus, um Steuern und andere Schulden einzutreiben, droht mit der Pfändung des dringend benötigten Autos – die Situation ist äußerst kritisch.

Bei Familie Hagenow kommen die drei größten Kreditunfälle zusammen: Krankheit, Arbeitslosigkeit und Scheidung.

Der Kassensturz

Die Familie hat Gesamtschulden von

250.000 Euro

Der Löwenanteil sind Bankschulden; dazu kommen Schulden bei Stromversorgern und private Schulden.

Das monatliche *Nettoeinkommen* von Susanne beträgt:

2.061 Euro

Im Einzelnen: 1.249 Euro Arbeitslosengeld II, das Kindergeld von 462 Euro und Susannes verbleibender Lohnanteil von 350 Euro

Stefan bekommt 1.500 Euro Arbeitslosengeld (seiner Frau gegenüber behauptet er, es seien nur 1.200 Euro), er zahlt keinen Unterhalt, weil er das Geld umgehend verspielt.

Die monatlichen Ausgaben von Susanne und den Töchtern betragen

2.792 Euro

Darin ist auch eine Bankrate enthalten.

Der Haushalt rutscht also Monat für Monat um **731 Euro** ins Minus. Nach der Trennung von Stefan kann Susanne die Hausfinanzierung nicht mehr aufrechterhalten.

Die Lösungsansätze ...

▸ Das Haus muss verkauft werden, um mit dem erhofften und vom Makler für realistisch gehaltenen Verkaufserlös von etwa 230.000 Euro den Großteil der Bankschulden zu tilgen. Der Hausverkauf wird allerdings dadurch behindert, dass Susanne einen Exklusivvertrag mit einem Makler abgeschlossen hat. Besser wäre es gewesen, mehrere konkurrierende Makler einzuschalten.
▸ Damit über den Verkauf des Hauses und die Strategien zum Abbau der gemeinsamen Schulden überhaupt gesprochen werden kann, empfiehlt Peter Zwegat dem zerstrittenen Paar den Besuch einer therapeutischen Eheberatung.

- Zur Sanierung des Haushalts »verordnet« Peter Zwegat ein Haushaltsbuch.
- Außerdem empfiehlt er, die Bankrate nicht mehr zu bezahlen, da sie angesichts der Zinsbelastung ohnehin eher symbolischen Charakter habe und die Schulden bei der Bank auf andere Weise aus der Welt geschafft werden müssen.
- Dem suchtkranken Stefan legt Peter Zwegat eine Suchtberatung und -therapie nahe. Eine Privatinsolvenz ist bei ihm erst dann sinnvoll, wenn er sich so weit stabilisiert hat, dass er die siebenjährige Wohlverhaltensfrist durchhalten kann, sprich: wenn er trocken und spielsuchtfrei ist und wieder einen Job hat.
- Außerdem hilft er ihm dabei, ein Konto auf Guthabenbasis zu eröffnen, damit er seine täglichen Geldgeschäfte tätigen kann.
- Susanne möchte er unmittelbar in die Privatinsolvenz führen.

... und was daraus wird

Die Ehetherapie bricht Susanne nach 20 Minuten ab (»Es ist zu spät«): Im Vorjahr hatte sie sich alleine und vergeblich um einen solchen Neuanfang für Stefan und sich bemüht, aber ihr Mann hatte nicht mitgezogen.

Susanne treibt die Sanierung des Haushalts (z. B. durch das Weggeben der Katzen) und den Umzug in eine Wohnung zügig voran. Das Sozialamt wird ihr die Miete und monatlich 922 Euro Unterstützung bezahlen; zusätzlich darf sie 350 Euro von ihrem Arbeitslohn behalten. Sie geht mit einem »Nullplan« in die Privatinsolvenz, wird also ohne weitere Zahlungen an Gläubiger nach 6 Jahren schuldenfrei sein.

Stefan lässt sich für 7 Jahre bei allen deutschen Spielbanken sperren – ein erster Schritt zur Stabilisierung seines Zustands.

Die Lehren aus diesem Fall

- Persönliche Probleme und Krisen wie Suchterkrankungen, dadurch bedingte Arbeitslosigkeit und Ähnliches muss man in den Griff bekommen, bevor ernsthafte Schritte aus der Schuldenfalle unternommen werden können. Dieser Weg ist steinig und verlangt stabile Persönlichkeiten.

- Wer mit einem persönlich instabilen (z. B. suchtkranken) Partner zusammenlebt, sollte sich dreimal überlegen, welche Darlehensverträge er/sie mit unterschreibt. Im Ernstfall haftet man mit dem vollen Betrag!
- Darlehen von Freunden, die man nicht zurückzahlen kann, sind doppelt fatal: Die Freundschaft geht daran oft in die Brüche, und man läuft zusätzlich mit dem Gefühl durchs Leben, eine moralische Schuld auf sich geladen zu haben.
- Wer eine Kontenpfändung hinter sich hat und deshalb bei keiner Bank mehr ein Girokonto auf Guthabenbasis bekommt, kann sich bescheinigen lassen, dass es von einem staatlich anerkannten Schuldnerberater betreut wird. Das akzeptiert jede seriöse Bank als ausreichend zur Eröffnung eines Kontos.

Es geht Richtung Schuldenfalle – was tun?

Wenn Sie dieses Buch bisher aufmerksam gelesen haben, müssten Sie eigentlich wissen, welches die Alarmzeichen sind, die ein Abrutschen in die Schuldenspirale anzeigen – und ob diese auf Sie zutreffen.

Ein Haushalt, für den mehr als zwei der folgenden Aussagen zutreffen, ist zumindest in Gefahr, in die Schuldenfalle zu stürzen:

▶ Rechnungen werden nur ungern geöffnet und fast nie vor der 3. Mahnung bezahlt.

    ☐ ☐
    ja nein

▶ Gläubiger, die auf der Mailbox um Rückruf bitten, werden ignoriert.

    ☐ ☐
    ja nein

▶ Es gibt keinerlei Reserven für größere Anschaffungen, Urlaub oder Unvorgesehenes wie zum Beispiel eine Zahnbehandlung oder eine Reparatur.

    ☐ ☐
    ja nein

▶ Das Konto ist permanent im Minus, bevor Geld reinkommt. (Steigerung: Das Konto ist nicht einmal mehr am Tag des Gehaltseingangs im Plus.)

    ☐ ☐
    ja nein

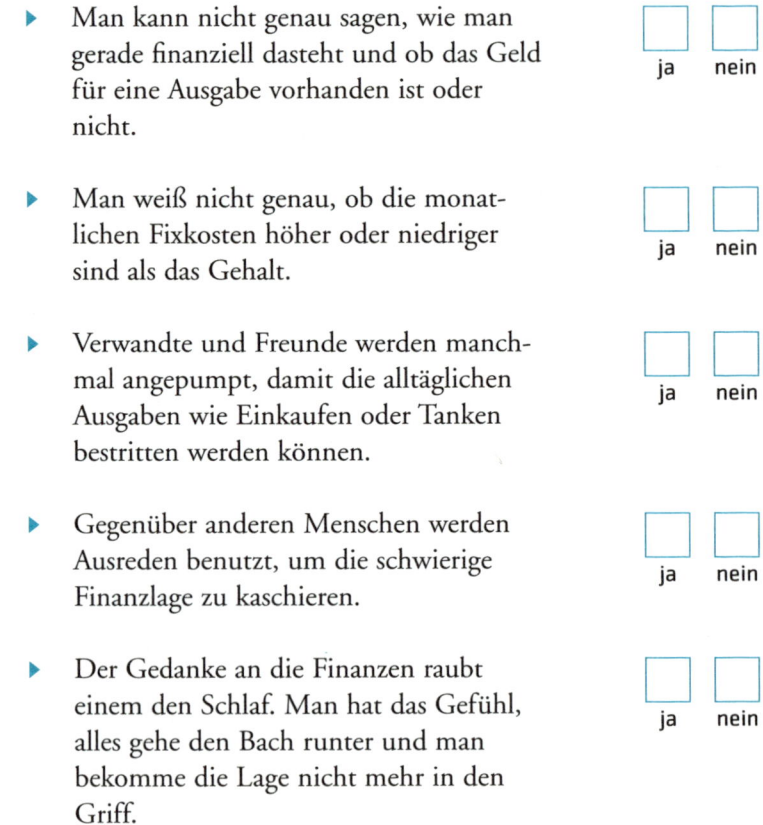

▶ Man kann nicht genau sagen, wie man gerade finanziell dasteht und ob das Geld für eine Ausgabe vorhanden ist oder nicht.

☐ ja ☐ nein

▶ Man weiß nicht genau, ob die monatlichen Fixkosten höher oder niedriger sind als das Gehalt.

☐ ja ☐ nein

▶ Verwandte und Freunde werden manchmal angepumpt, damit die alltäglichen Ausgaben wie Einkaufen oder Tanken bestritten werden können.

☐ ja ☐ nein

▶ Gegenüber anderen Menschen werden Ausreden benutzt, um die schwierige Finanzlage zu kaschieren.

☐ ja ☐ nein

▶ Der Gedanke an die Finanzen raubt einem den Schlaf. Man hat das Gefühl, alles gehe den Bach runter und man bekomme die Lage nicht mehr in den Griff.

☐ ja ☐ nein

Wenn einige der Kriterien auf Sie zutreffen, ist es höchste Zeit zu handeln. Nehmen Sie all Ihren Mut zusammen und werden Sie aktiv! Blockieren Sie sich nicht durch Selbstvorwürfe. »Schulden« haben zwar manchmal auch etwas mit »Schuld« zu tun – aber niemandem ist geholfen, wenn Sie resignieren und dem Unheil seinen Lauf lassen.

Tipp

Wenn Sie das Gefühl haben, es werde immer schwieriger, mit dem Geld auszukommen, und Sie immer sehnsüchtiger auf den monatlichen Geldeingang auf dem Konto warten: Schreiben Sie einige Monate lang den Girokontenstand an einem Stichtag (z. B. am 10. des Monats) auf. Steigt das Minus?

Wenn das Minus so hoch ist, dass nach Gehaltseingang und nach Abzug der Fixkosten weniger als 150 Euro pro Person übrig sind (und keine Geldzuflüsse mehr ausstehen): Alarmstufe rot!

Was tun? Das 5-Punkte-Sofort-Programm

1) Melden Sie sich bei allen Gläubigern, bei denen Sie nicht pünktlich zahlen können. Schildern Sie Ihre Situation ungeschminkt und kündigen Sie an, dass Sie sich beraten lassen und demnächst wieder melden werden.

2) Melden Sie sich bei der nächstgelegenen Schuldnerberatung an. Die Schuldnerberatungen werden häufig von der Caritas oder anderen nichtstaatlichen Organisationen betrieben. Dort arbeiten – für Privatpersonen in der Regel kostenlos – staatlich geprüfte Schuldnerberater.

3) Machen Sie einen Kassensturz: Ausgaben, Einnahmen, Schulden. Suchen Sie alle relevanten Unterlagen zusammen.

4) Setzen Sie Einsparmöglichkeiten sofort in die Tat um. Jeder Monat, in dem Sie z. B. die Rate für das überdimensionierte Auto bezahlen müssen, reitet Sie tiefer in die Misere. Deshalb: Sofort zum Händler damit und verkaufen!

5) Erkundigen Sie sich nach staatlichen Unterstützungszahlungen wie zum Beispiel Hartz IV oder Wohngeld.

Was geschieht bei einer Überschuldung?

Überschuldung heißt: Man nimmt auf Dauer weniger ein, als man ausgibt. Die Folgen liegen auf der Hand: Das Girokonto wird immer weiter überzogen, bis der Dispokredit ausgereizt ist und man Rechnungen und Raten nicht mehr bezahlen kann. Das setzt eine Spirale in Gang, die so oder ähnlich aussieht:

1) Die Gläubiger reagieren auf das Ausbleiben der Zahlungen zunächst mit Mahnbriefen. Diese sollten Sie stets umgehend öffnen und auf ihre Korrektheit und Berechtigung hin prüfen. Und Sie sollten sich, wenn Sie nicht zahlen können, sofort mit dem Gläubiger in Verbindung setzen, um über eine Stundung oder eine für Sie verkraftbare Rückzahlung in Raten zu verhandeln. Stecken Sie nicht den Kopf in den Sand! Ihre Chancen auf eine glimpfliche Lösung sind auf jeden Fall besser, wenn Sie von sich aus den ersten Schritt tun.

2) Sobald Sie eine erste Mahnung erhalten haben, kann der Gläubiger Verzugszinsen verlangen. Diese liegen in der Regel um 2,5 (Hypothekendarlehen) bis 8 Prozent (Konsumentenkredite, Vermieter) über dem amtlichen Basiszinssatz (3,19 Prozent seit 1.7.07; im Internet nachzuschauen). Das bedeutet: Für einen Konsumentenkredit zahlen Sie derzeit über 11 Prozent Verzugszinsen. Aus einer Schuld von 25.000 Euro werden da also innerhalb eines Jahres etwa 28.000 Euro, im folgenden Jahr über 31.000 Euro, und so weiter …

Tipp Lassen Sie sich nicht auf eine Umschuldung ein! Hier sind oft Betrüger am Werk, die Ihnen vermeintlich aus Ihren Sorgen helfen, Sie aber Wirklichkeit noch viel tiefer in die Misere führen. Einzige Ausnahme: Die Umschuldung ist von einem staatlich anerkannten, kostenlos arbeitenden Schuldnerberater vermittelt worden und Ihre Einnahmensituation hat sich merklich verbessert. In allen anderen Fällen kostet eine Umschuldung Sie nur zusätzliches Geld, weil sie in der Regel teure Kredite durch noch teurere ablöst.

3) Es folgen nach und nach die weiteren Eskalationsschritte: Rechtsanwälte oder Inkassobüros treten auf den Plan; Sie erhalten gerichtliche Mahn- und Vollstreckungsbescheide; Ihr Gehalt und Vermögen wird teilweise gepfändet oder Sie müssen den Offenbarungseid leisten (korrekt: »Eidesstattliche Versicherung«), also Ihre gesamten finanziellen Verhältnisse offenlegen und die Korrektheit Ihrer Angaben beeiden. Spätestens jetzt landet Ihr Name auch bei der Schufa und Sie verlieren endgültig Ihre Kreditwürdigkeit.

Den genauen Ablauf können Sie in der kostenlosen Broschüre »Was mache ich mit meinen Schulden?« des Bundesministeriums für Familie, Senioren, Frauen und Jugend nachlesen (siehe S. 136), die auch zahlreiche wertvolle Tipps enthält.

Die Verbraucherinsolvenz

Normalerweise besteht der Anspruch eines Gläubigers auf Rückzahlung 30 Jahre lang – erst dann verjährt er. Da ein so langer Zeitraum dem Schuldner oft keine Chance lässt, jemals im Leben finanziell wieder auf die Beine zu kommen, hat der Gesetzgeber das Instrument der »Verbraucherinsolvenz« geschaffen.

Das bedeutet: Es wird eine außergerichtliche oder gerichtliche Einigung mit allen Gläubigern getroffen, welchen Teil ihrer Forderungen sie wiederbekommen sollen. Danach beginnt für den Schuldner eine sechsjährige Wohlverhaltensphase, während der er nur eine eingeschränkte Geschäfts- und Bewegungsfreiheit genießt und auf alle pfändbaren Gehaltsanteile verzichten muss. Wenn er die sechs Jahre nutzt, um aus eigener Kraft so viel für die Regulierung seiner Schulden zu tun wie möglich, werden ihm die Restschulden erlassen und ein wirtschaftlicher Neuanfang ist möglich.

Das Wichtigste in Kürze

▸ Beachten Sie die Warnzeichen für eine Überschuldung rechtzeitig!
▸ Überwinden Sie sich und haben Sie den Mut, etwas gegen die drohende Schuldenspirale zu unternehmen. Wenden Sie sich an eine Schuldnerberatung!
▸ Ordnen Sie Ihre Unterlagen und machen Sie einen Kassensturz!
▸ Stoppen Sie Ausgaben, die nicht existenziell wichtig sind, so schnell wie möglich. Halten Sie nicht an einem Lebensstil fest, von dem Sie schon wissen, dass Sie ihn sich nicht leisten können!
▸ Beantragen Sie umgehend staatliche Hilfen!
▸ Fallen Sie nicht auf Angebote zur Umschuldung herein und lassen Sie sich nicht von Inkassobüros einschüchtern!

Anhang

Tabellen im Buch

Tipps und Beratungsstellen zum Umgang mit Schulden und anderen Finanzfragen

www.meine-schulden.de
Auf diesem Internetportal hat die *Bundesarbeitsgemeinschaft Schuldnerberatung* zusammen mit dem Bundesministerium für Familie, Senioren, Frauen und Jugend Informationen für Betroffene zusammengestellt.

www.forum-schuldnerberatung.de/
Hier findet man weit über 1000 Adressen von Schuldnerberatungsstellen in allen größeren deutschen Städten, die einem Mitgliedsverband der *Arbeitsgemeinschaft Schuldnerberatung der Verbände (AG SBV)* angehören. Die Beratung bei diesen Stellen erfolgt – bis auf wenige Ausnahmen – kostenfrei.

Arbeitsgemeinschaft Schuldnerberatung der Verbände AG SBV
über SKM katholischer Verband für soziale Dienste
Blumenstr. 20
50670 Köln
Tel.: 0221/913928-84
Fax: 0221/913928-88
E-Mail.: *stark@skmev.de*

Bundesarbeitsgemeinschaft Schuldnerberatung BAG e.V.
Wilhelmstraße 11
34117 Kassel
Tel.: 0561/771093
Fax: 0561/711126
E-Mail: *bag-schuldnerberatung@t-online.de*

www.familienhandbuch.de
Im Familienhandbuch finden Sie u. a. Informationen über familienpolitische Leistungen und mögliche Hilfen.

Bei Ärger mit Banken und anderen Kreditinstituten wenden Sie sich an die folgenden **Kundenbeschwerdestellen**:

Für die privaten Banken:
Bundesverband deutscher Banken e. V.,
Kundenbeschwerdestelle,
Burgstraße 28, 10178 Berlin,
Tel.: 030/1663-0,
www.bankenombudsmann.de

Für die Volks- und Raiffeisenbanken:
Kundenbeschwerdestelle
beim Bundesverband der Deutschen Volksbanken und Raiffeisenbanken – BVR,
Postfach 309263, 10760 Berlin,
Tel.: 030/2021-1631, -1632,
www.bvr.de

Für die Sparkassen:
Deutscher Sparkassen- und Giroverband,
Charlottenstraße 47, 10117 Berlin,
Tel.: 030/20225 -5354,
www.dsgv.de

Für die öffentlichen Banken:
Bundesverband Öffentlicher Banken Deutschlands (VÖB),
Kundenbeschwerdestelle,
Postfach 110272, 10832 Berlin,
www.voeb.de

Literatur

Das Haushaltsbuch (4. Auflage), herausgegeben von der Verbraucherzentrale NRW, Düsseldorf 2006

Familienwegweiser – Staatliche Hilfen im Überblick, herausgegeben vom Bundesministerium für Familie, Senioren, Frauen und Jugend, Berlin 2008, kostenlos zu beziehen über *www.bmfsfj.de*

Laufende Wirtschaftsrechnungen: Einnahmen und Ausgaben privater Haushalte 2005, Wirtschaftsrechnungen (Fachserie 15 Reihe 1), herausgegeben vom Statistischen Bundesamt, Wiesbaden 2007

Was mache ich mit meinen Schulden? (13. Auflage), herausgegeben vom Bundesministerium für Familie, Senioren, Frauen und Jugend, Berlin 2006 (zu beziehen über *www.bmfsfj.de*)

Zwick, Marion und Volker, **Besser haushalten** (3. Auflage), herausgegeben vom ARD-Ratgeber »Geld« und der Verbraucherzentrale NRW, Düsseldorf 2005